京王電鉄
1980～2000年代の記録

解説　山内ひろき

1972（昭和47）年に登場し、2011（平成23）年に引退した6000系。本書は6000系が走っていた時代とその前後の京王帝都
電鉄の車両や一昔前から現在までの沿線風景などを紹介していく。
◎笹塚～代田橋　1984（昭和59）年3月23日　撮影：諸河久

.....Contents

戦前から戦後にかけて京王閣や多摩動物公園、平山城址公園、京王百草園など沿線観光名所の造成や建設、運営など様々な形で積極的に関与し、取り組んだ京王帝都電鉄。高尾線も同様で、開業により高尾山をアクセスの良い一大観光地へと変貌させた。
◎高尾山口〜高尾　1993（平成5）年5月4日　撮影：諸河久

1章
沿線編

京王帝都電鉄は1372mmの馬車軌間である京王線
系統の京王線・相模原線・競馬場線・動物園線・
高尾線と狭軌の井の頭線の６路線から成る。路
線編ではこの順番に一昔前から現代までの沿線
風景などをご紹介していく。
◎桜上水　1993（平成５）年９月19日
撮影：諸河久フォト・オフィス

京王線

京王線は新宿〜京王八王子の37.9kmを結ぶ路線で、京王電鉄の主幹路線だ。京王電鉄の前身となる京王電気軌道が1913（大正2）年4月に笹塚〜調布で最初に開業し、府中〜京王八王子間は資金難により玉南電気鉄道によって開業している。路面電車がルーツのため、家々の近くを走る区間が多いが複々線化や高架化、地下化などでそのイメージは薄れつ

つある。また相模原線などを含めた京王線系統は世界では他に例がない1372mm軌間の都市間鉄道でかつ、同軌間世界最速の路線でもある。この軌間は元々東京市電に乗り入れるために採り入れたもので、採用する社局は徐々に数を減らし、現在では京王も含めて4社局で使われているのみだ。◎笹塚　1984（昭和59）年3月23日　撮影：諸河久

京王線の起点である新宿駅は1963（昭和38）年4月に地下化された。18m車7両に対応した設計であったため、現在は車止め側に寄っている階段も当時はホーム中央に位置していた。地下化時に駅直上に駅ビルを建設することが決まっていたため、それを考慮した設計になっている。当初の計画では4.5m掘り下げた半地下構造（現在の改札階コンコースの位置）の予定であったが、現在の位置の方が敷地を有効的活用できることから急遽設計変更した。そのため開業が1年遅れた上、駅付近のトンネル内には26‰の勾配がついてしまった。また地下駅となったため、どうしても柱が多くなってしまうため、ホームから改札階に上がる階段付近には幅員が減らないようにX字型の特殊柱がある。
◎新宿　1993（平成5）年9月19日　撮影：諸河久フォト・オフィス

かつて京王線新宿駅は18m車7両に対応した頭端式5面4線であったが、輸送力増強で編成長が延びたことから1975（昭和50）年の20m車8両編成化を前に4面3線へ変更した。この際、1・2番線は20m6両編成対応のままで、3番線のみ8両対応化している。またこの時はまだ1番線に降車ホームが存在した。1979（昭和54）年には急行系統の一部10両編成化のため再度、京王線新宿駅の改良工事に着手。全ホームを10両対応化するため、ホーム延伸工事が行われた。1番線では降車ホームを撤去し、ホーム位置に線路を移設することで、なんとか1・2番線八王子方のホーム幅を確保して1982（昭和57）年より全ホームで10両編成対応化された。この度重なる改良工事の結果、京王線新宿駅のホーム柱はホームの形状と合っていない構造となってしまった。◎新宿　2024（令和6）年2月3日　撮影：田川太一

新宿駅10両化工事では、ホームすぐ先にあったシーサスクロッシングや信号扱所が支障するため撤去され、駅先は京王線で一番の急曲線であることから、分岐器を本線トンネル内の離れた位置に移設した。しかしこの区間には勾配がついていたため、設置のために勾配変更なども実施されている。分岐器が遠いことはデメリットでもあるが、3番線着発列車と1・2番線着発列車とで分岐器制限速度が違うことを利用して、複線ながら同発、同着に近いダイヤ設定ができ、ホームを1分間隔で列車が発着する光景を頻繁に見ることができる。◎新宿　2024（令和6）年2月3日　撮影：田川太一

1963（昭和38）年の地下化までは新宿駅は地上にあり、初台〜新宿間では甲州街道のど真ん中に線路が敷かれていた。これでも専用軌道であり、1955（昭和30）年頃にそれまでの併用軌道から都の都市計画の一環で道路の中央に移設したものだった。かつては、直進して新宿三丁目にあった新宿追分駅へ向かっていたのだが、空襲で変電所が攻撃され国鉄線を越える甲州街道陸橋の坂道を登れなくなり、1945（昭和20）年7月に半径60mのカーブで北に進路を変えて現在の京王線新宿駅の地上部分へと移転した。この急カーブは地下化の際に半径110mに緩和された。
◎初台〜新宿　1962（昭和37）年5月11日　撮影：西原博

新宿トンネルは当時延長1880mで、初台駅を出るとすぐに35‰の勾配を駆け上がり、地上へ出ていた京王線であったが、踏切解消のため初台〜笹塚も連続立体化が行われた。着工は1978（昭和53）年で、すでに幡ヶ谷駅が新線側に移設された京王新線開業後であった。この工事は初台〜笹塚のうち約2.4kmで施工され、主に新宿トンネルを約1km延伸するものだった。◎幡ヶ谷〜初台　1977（昭和52）年10月1日　撮影：長谷川明

この工事では仮線用地が確保できないため直下工法で建設された。そのためかつて地上に上がっていた区間は、現在も
トンネル構造が異なっており、旧初台駅の八王子方にある中柱がない145mほどの区間がそれにあたる。初台〜笹塚間
には踏切が12か所あり、そのほとんどが除去されたが、京王線の上り本線と京王新線とが交差する関係で、幡ヶ谷3号
踏切だけが上り線用の踏切として残った。◎幡ヶ谷〜初台　1977（昭和52）年10月1日　撮影：長谷川明

甲州街道と玉川上水の水路に挟まれた空間に線路が敷かれた区間を行く。写真奥のカーブの先には幡ヶ谷駅があった。
この付近では地下化工事の際、線路の海側にあった玉川上水の水路上に仮線を設置。仮線移設した後に現行線の下に新
宿トンネルの延長部を掘削する形で工事が進められた。◎幡ヶ谷〜初台　1977（昭和52）年10月1日　撮影：長谷川明

幡ヶ谷駅を通過し、甲州街道に沿った区間を走る高尾線開通10周年記念号。戦前この付近の線路がまだ甲州街道上にあった頃は、幡代駅がこの辺りにあった。しかし1945（昭和20）年に廃止されている。また1983（昭和58）年の地下化で線路はこの直下の新宿トンネル内に潜り跡地は緑道となっている。
◎幡ヶ谷～初台　1977（昭和52）年10月1日　撮影：長谷川明

笹塚付近は京王新線と同時に施工されたため、既に立体化は完成していた。写真は幡ヶ谷付近が工事中の時のもので、左奥に見える下り本線部分が、地上部分を走っていることがわかる。この部分は上り線が1983（昭和58）年7月9日、下り線が同年7月16日に実施され、それぞれ8時間ほどかけて仮線を撤去して直下のトンネルに切り替える工事が行われた。これと同時に初台側でも同様の作業がなされていた。◎幡ヶ谷～笹塚　1983（昭和58）年7月　撮影：諸河久

京王新線と呼ばれるこの区間は正確には京王線の複々線区間で、笹塚から都営新宿線方面へ向かう路線の一部だ。京王が進めていた新宿〜調布間の線増計画の一部で、かつ実現した唯一の区間となっている。京王線新宿トンネルの横に建設すると民家の地下となってしまうことから、甲州街道の地下に建設された。この開業により京王線上に設置されていた初台駅や幡ヶ谷駅がこちらに移設された。◎新線新宿　1978（昭和53）年10月30日　撮影：長谷川明

西参道付近から幡ヶ谷駅にかけての1,790mは上を通る首都高4号線の橋脚工事と同時に施工され、幡ヶ谷駅の相対式ホームあたりのトンネルは首都高4号線の橋脚基礎と一体構造となっている。幡ヶ谷駅を出ると京王線の上下線間に入り、高架線で笹塚駅へと向かう。また地下区間の電車線はメンテナンスフリー化を図るためフィーダーメッセンジャーコンパウンドカテナリーとなっている。◎幡ヶ谷　2024（令和6）年2月3日　撮影：田川太一

線路はグネグネしている京王線とは異なり、甲州街道下に敷設されているため直線的で、実距離も短い。新線新宿駅は
JRの新宿駅を跨ぐ甲州街道陸橋の基礎を避けるため、基礎基面高28mと地下深くに建設された。新線新宿〜初台間では
既存の首都高4号線新宿ランプの橋脚基礎と干渉するため複線形箱型トンネルではなく、上下線形箱型トンネルとなって
いる。そのため初台駅は上下二層構造となっている。◎初台　2016（平成28）年9月1日

京王新線は京王の保安装置であるため、8000系や7000系など都営新宿線への乗り入れ非対応車も新線新宿駅までは入線
でき、新線新宿駅で折り返す列車にも充当されている。そのため1978（昭和53）年の開業当日に記念のヘッドマークを
つけた列車も地下鉄非対応車だった。また京王線新宿駅10両化完成の1年前となる1981（昭和56）年9月から10両編成
運転を開始している。◎笹塚　1978（昭和53）年10月30日　撮影：長谷川明

1980（昭和55）年3月より開始された東京都交通局新宿線との相互直通運転。その際、東京都交通局からは、馬車軌間から改軌した京成電鉄各線のように京王線の1435mmへの改軌を迫られた。しかし既に列車本数も多く改軌は困難である上、標準軌と大差ないことや早期に直通運転を開始する必要から新宿線側が折れて馬車軌間となり、馬車軌間唯一の地下鉄となった。また京王側もかつて改軌を想定したことがあり、1960（昭和35）年頃に一部の車両は改軌前提の台車を履いていたこともあった。◎幡ヶ谷〜笹塚　1985（昭和60）年2月18日　撮影：長谷川明

幡ヶ谷〜笹塚間の高架化工事は1973（昭和48）年12月頃から本格的に着工された。まずは海側に2線分の高架橋が建設され、1978（昭和53）年春頃に下り線、上り線の順に立体化した。既存線の高架化後に北側へ2線の高架橋を建設し、1978年7月に上り線を外側に移設させて完成している。この際、下り線では京王新線と3線で並ぶ取り付け部分が先に完成していたため、新宿トンネル延伸工事を考慮して先に仮設構台を設置し、仮線化していたという。
◎幡ヶ谷〜笹塚　2009（平成21）年2月14日　撮影：近藤倫史

京王新線が開業し、新宿～笹塚間は馬車軌間唯一の複々線区間となった。しかし都営新宿線の工事が遅れ、暫くは新線新宿～笹塚間のわずかな区間の折り返し運転が行われていた。新宿線が新宿まで開業し、相互直通運転が開始されるのは開業から1年半ほど経った1980（昭和55）年3月16日のことであった。◎笹塚　1980（昭和55）年1月　撮影：長谷川明

笹塚駅の八王子方には京王新線の笹塚折り返し用の引上線が2本敷かれており、一見、代々木上原や中目黒のような地下鉄の終点のようにも見える。これは新線新宿駅が道路幅の関係で、2面4線分の用地を確保できなかったためだ。
◎笹塚　2009（平成21）年6月10日　撮影：近藤倫史

かつて京王電気軌道時代に車庫があった笹塚駅は、地平時代は副本線のある島式2面4線で、新宿から最初の緩急接続ができる駅だった。なお現在は桜上水まで追い越しはできない。1978（昭和53）年に高架化された。長らく八王子方にある引上線は2線あるうちの1線が8両、もう1線が10両編成対応だったため、笹塚折り返し列車は8両編成で運転されていた。また当初、都営車は笹塚までで、笹塚以西まで直通するのは京王車だけの運用であった。
◎笹塚　1984（昭和59）年3月23日　撮影：諸河久

京王八王子や府中競馬正門前、高尾山口以外の急行停車駅では10両編成化が終わっていたが、更なる輸送力増強のため普通列車の長編成化が昭和の終わりから平成初頭にかけて20駅でホーム延伸工事が行われた。この工事により1993（平成5）年に新宿〜つつじヶ丘間、1994（平成6）年に新宿〜橋本間、1996（平成8）年からは全線で10両編成での普通列車の運行が可能となった。この際、下高井戸駅は現在の橋上駅舎の使用を開始した。
◎桜上水〜下高井戸　2021（令和3）年6月12日

1926（大正15）年に京王電気軌道北沢車庫と開設された桜上水工場、桜上水検車区。一時期は工場と検車区でピットを共用していたが、1953（昭和28）年10月に写真のピット線が完成している。しかし車両の大型化や長編成化により手狭となり1983（昭和58）年に工場が、1984（昭和59）年に検車区が若葉台に移転した。現在では都心側の留置線として機能しており、9本114両の収容能力がある。◎桜上水検車区　1969（昭和44）年3月20日　撮影：長谷川明

環状8号線の上高井戸交差点以南が建設され、京王線が八幡山駅付近でこれと交差することから1968（昭和43）年から高架化工事が行われ、1971（昭和46）年に完成した。高架駅は2面3線で中線は上下列車が待避できるようになっていた。また八王子方には引上線の高架橋が芦花公園駅間近まで続いており、夜間留置などで使われていた。
◎八幡山　1976（昭和51）年9月15日　撮影：長谷川明

普通列車の10両編成運転のためのホーム延伸工事時に、新宿方に45mホームを延伸した。また当駅では1987（昭和62）年に海側に下り通過線の設置が行われた。これにより複合型2面3線ホームのうち上の写真を撮影した相対式ホームが廃止され、外側に通過線を設けた島式1面4線へと変わった。
◎八幡山　1993（平成5）年9月19日　撮影：諸河久フォト・オフィス

千歳烏山〜仙川間では仙川を渡る。現在進められている連続立体化工事はこの仙川橋梁付近が終端だ。また仙川駅は堀割りに設けられた1面2線の駅だったが、1980年代に利用客が急増。混雑緩和のため駅改良工事が実施され新たに上り専用ホームを建設。1996(平成8)年10月より供用開始され、上下それぞれ別ホームの2面2線となった。この際に駅舎も改築された他、駅周辺では区画整理事業も行われた。◎仙川〜千歳烏山　2017(平成29)年4月28日

仙川～つつじヶ丘間では、国分寺崖線を形成している入間川によって侵食された谷地を京王線は築堤で越えていく。この付近から布田駅までは京王電気軌道開業時、滝坂のあたりから甲州街道の方へ進み一部併用軌道となるなど直線的なルートで調布駅まで敷設されていた。1927（昭和2）年に現在のルートに変更され、金子・柴崎・国領・布田が現在の位置に移設された。◎仙川～つつじヶ丘　1980（昭和55）年7月　撮影：諸河久

金子駅と呼ばれていた小さな駅であったが、4両編成化の際に区間列車の折り返し駅であった千歳烏山駅が用地の都合で拡張できないことから、当駅に機能を移転するべく1957（昭和32）年に大規模な駅改良工事が行われた。この際に八高線の駅名と重複することや京王が開発分譲した住宅地である"つつじヶ丘"の下車駅であることを示すため、工事完成時につつじヶ丘駅へ改称された。◎つつじヶ丘　1976（昭和51）年3月20日

京王線と相模原線が分岐
する調布駅は、地下化さ
れる2012（平成24）年8月
まで地平駅だった。複線
の両線が分かれるため駅
の八王子方では分岐器が
入り組み、特に京王線上
りと相模原線上りの同時
入線は見応えがあった。
当駅は京王線のヘソとも
言える駅で、かつては総
合指令所などが設置され
ていた。
◎調布
1993（平成5）年5月12日
撮影：諸河久

京王線下りと相模原線上りが平面交差する構造は、まだ相模原線の本数が少なかった頃はよかったものの、調布以西の
本数が京王線と相模原線とでほぼ同数になった昨今では、かなりのネックとなっていた。このため2012（平成24）年8
月の柴崎〜西調布・京王多摩川連続立体化により地下化され、調布駅は地下にある上下2層ホームへと変わり、平面交
差は解消された。◎調布　2012（平成24）年7月25日　撮影：近藤倫史

武蔵野台～多磨霊園間では、京王線は西武鉄道多摩川線をオーバークロスする。多摩川線には東京電力の送電線と併架した架線柱があるが、少し前までは京王線にもあった。京王電気軌道は戦前、電気の配電事業もおこなっており、至る所で線路上に送電線が通され、架線柱と共用のものも多々あったが、徐々に数を減らしていった。最後は武蔵野台～高幡不動で架線柱に併架された東京電力一の宮線であった。この一の宮線は車返変電所～新高幡変電所を結んだが、2010年代に一の宮線そのものが廃止された。現在では架線柱上部の送電線支持部分のみを切断し除去したものや架線柱自体を取り替えたケースもあり、その痕跡は少ない。◎武蔵野台～多磨霊園　1990（平成2）年3月22日　撮影：諸河久

車返駅として開業した当駅は、1959（昭和34）年6月1日に武蔵野台駅へと改称された。駅周辺は住宅が増えてきたものの生産緑地などの畑が点在している。現在、この付近の地名は白糸台となっているが、かつては車返だった。この地名は駅南側にある車返団地などに残っている。◎武蔵野台　1976（昭和51）年10月29日

地平時代の府中駅は島式2面4線で、ホームの両端には踏切が迫りホーム延伸に支障があった。特に下り線側は用地に余裕がなかったため、1974（昭和49）年10月に東府中へ下りの副本線を新設し、待避駅を変更。それにより府中駅を2面3線として下りホームをなんとか延伸した。写真は2面4線時代のもので、2面3線時代は隣ページの工事中の写真を参照されたい。また写真奥で線路が築堤を登っているが、これは国鉄・中央本線支線下河原線と交差するためだ。
◎府中　1965（昭和40）年9月23日　撮影：長谷川明

これ以上のホーム延伸が困難であった府中駅。長編成化と府中駅ホームの2面4線への復元、それと共に周辺8か所の踏切除去と府中駅周辺の区画整理と再開発を行うため、1981（昭和56）年に着工した府中駅高架化工事。東府中～分倍河原間1.6kmで施工され、1989（平成元）年10月に下り線、1991（平成3）年4月に上り線が高架化された。これにより東府中駅で行っていた下り列車の待避を府中駅に戻すことができた。◎府中　1985（昭和60）年3月4日　撮影：長谷川明

府中はかつて国府が置かれた地で、111年に創建された大國魂神社のある門前町だ。その参道にはけやき並木としては唯一の国指定天然記念物である馬場大門のけやき並木があり、地平時代はこの道が府中1号踏切で京王線と交差していた。そのため高架化工事では、駅部付近に仮線を設置できないことから、この部分だけ直上に高架橋を建設する直上高架方式で施工された。これにより踏切が除去され、高架下が整備されたことで、けやき並木へ駅から直結して行き来できる動線が生まれた。これを機に、けやき並木通りの再整備が行われ、並木全体がモールのような形となり、南口再開発と共に街の活性化が図られた。◎府中　1985（昭和60）年3月4日　撮影：長谷川明

多摩川橋梁は1924（大正13）年に玉南
電気鉄道が架けたもので、開業時か
らずっと単線となっており、ほとん
どの区間が複線だった京王線ではダ
イヤ上の最大のネックとなっていた。
橋脚は複線用であるものの長らく単
線で使用された。開業から40年経っ
た1964（昭和39）年にようやく上り線
側に架橋され複線化された。これは
動物園線開業の９日前であり、増発
や特急の新宿〜京王八王子間37分運
転が可能となった。また単線時代、自
動閉塞式になるまでタブレット閉塞
で運行されていた。玉南電気鉄道は
京王電気軌道が府中まで開業後、業
績が思わしくなく八王子までの建設
が難しいことから設立した会社で、府
中〜東八王子を開業させた。しかし
国からの補助金を得るため地方鉄道
法で建設したことで、1067mm軌間で
京王電気軌道と直通運転ができなか
った。その後、1925（大正14）年に京
王電気軌道に合併され、1928（昭和３）
年までに1372mmへ改軌している。
◎中河原〜聖蹟桜ヶ丘
1999（昭平成11）年２月26日
撮影：諸河久

中河原～聖蹟桜ヶ丘間にある多摩川橋梁は全長474m。単線上路プレートガータ桁が並列でそれぞれ21連ずつ架けられている。なお下り線側の橋桁は1923（大正12）年に架けられたものであったが、1973（昭和48）年頃に21連全てを交換する工事が行われた。上り線は1964（昭和39）年に架けたものが引き続き使われている。また砂利採掘の影響で1923年に建設された橋脚が洗掘され転倒の恐れがあることから防護工事が行われた他、近年では耐震補強も施された。
◎中河原～聖蹟桜ヶ丘
1999（平成11）年2月26日
撮影：諸河久

1937（昭和12）年に関戸から駅名を改称した聖蹟桜ヶ丘駅。この駅名は連光寺村に明治天皇が幾度と行幸しており、御猟場もあったことから聖蹟化され、これを核として桜が数多く植えられていた向ノ岡桜馬場一帯を桜ヶ丘とし、併せて観光地化する一環で名付けられた。なお1889（明治22）年以降どちらも多摩村→多摩市だが、当駅は元の関戸村だった場所に設けられている。また地平時代の駅は現在の京王聖蹟桜ヶ丘S.C. A館の辺りにあり、ホーム全体がカーブ上に設けられていた。◎聖蹟桜ヶ丘　1967（昭和42）年10月8日　撮影：長谷川明

高架化してしばらく経った頃の聖蹟桜ヶ丘駅。まだ駅の両側に京王百貨店が入る京王聖蹟桜ヶ丘S.C.のA館とB館がなく、奥で建設中のビルはザ・スクエアだ。また現在の駅ビルは1984（昭和59）年から行われた駅周辺の再開発の一環で建てられ、1986（昭和61）年に開業した。また1988（昭和63）年には隣接する三角形の変形地にD館を建設し、京王帝都電鉄の本社が新宿三丁目から移転している。◎聖蹟桜ヶ丘　1982（昭和57）年11月14日　撮影：長谷川明

京王線の特急はハイキング特急として不定期列車で運転を開始し、5000系が登場した昇圧後の1963（昭和38）年10月から新宿〜東八王子間を定期列車として走り始めた。停車駅は新宿・明大前・調布・府中・聖蹟桜ヶ丘・高幡不動・東八王子と沿線の各自治体につき1駅毎で、当初は新宿〜東八王子を40分。また2001（平成13）年の改定では34分で結び、これが最速タイムであった。◎聖蹟桜ヶ丘　1969（昭和44）年3月20日　撮影：長谷川明

多摩ニュータウンへの鉄道路線整備が遅れていたため、しばらくは当駅からバスにて永山などのニュータウン5・6住区域内を結ぶことになり、相模原線開通までは唯一のニュータウン玄関口となった。そのため駅前広場を拡張してバスの乗り入れや利用客増に対応するため山側へ線路を移設する形で高架化され、1969（昭和44）年6月に完成した。また写真右下に見える空き地は地平時代に線路が敷かれていた跡で上の写真の場所に近い。
◎聖蹟桜ヶ丘　1982（昭和57）年11月14日　撮影：長谷川明

高幡不動駅は玉南電気鉄道開業時の1924（大正13）年に高幡駅として開設され1937（昭和12）年に現駅名に改称。高幡不動検車区が併設されている他、動物園線の分岐駅で3面5線ある。かつて駅舎は地平にあり各ホームは地下道で結ばれていたが、2006（平成18）年の大規模な改良工事により橋上駅舎化された。また2006年までは当駅で、京王八王子と高尾山口発着特急の分割併合作業を行なっていた。なお駅近くにある高幡不動尊境内には玉南電気鉄道記念之碑という石碑がある。◎高幡不動　1969（昭和44）年3月20日　撮影：長谷川明

京王線の2大車両基地の一つである高幡不動検車区は、1925年の玉南電気鉄道開業時に高幡工場として開設され、1926（大正15）年に京王電気軌道に合併されると工場は桜上水に統一され、検車区のみが残った。現在は検車庫のピット線が8両編成対応2本（写真右側）と10両編成対応が2本ある。留置線は28本314両の収容が可能だ。
◎高幡不動検車区　2024（令和6）年1月28日　撮影：田川太一

かつての検車区は駅ホーム横のみで、新宿方は入換用の引上線だけとなっていた。また分岐器も今に比べるとシンプルな配線だ。かつては高幡不動駅で新造車両をトレーラーから線路に載せる作業を行なっていたという。また以前は高幡不動検車区で車輪削正を行っていたが、1989（平成元）年より若葉台検車区に新しいものを設置。以降は若葉台で車輪を削正している。◎高幡不動　1965（昭和40）年9月23日　撮影：長谷川明

上の写真とほぼ同じ位置でみた現在の姿。高幡不動検車区は1980（昭和55）年頃に行われた程久保川の河川改修工事に前後して新宿方である東側に電留線を拡張。一部の留置線は橋梁上にある。その後、2000（平成12）年には東側のエリアに10両編成対応した検修庫ができるなど整備されていった。また動物園線側も配線変更が行われている。
◎高幡不動　2024（令和6）年1月28日　撮影：田川太一

戦後、京王帝都電鉄は沿線に集客を見込める施設を次々と開設していった。1950（昭和25）年に多摩丘陵の一部が都立多摩丘陵自然公園に指定されたことから、1953（昭和28）年に平山ゴルフ場跡を買収し、植林等の造園を行ってレクリエーション施設として平山城址公園を1954（昭和29）年に開設。同時に平山駅を平山城址公園駅に改称した。
◎平山城址公園　1986（昭和61）年10月30日　撮影：長谷川明

高尾線が分岐する北野駅は、地上時代京王線側は上下2線しか線路がなく追い越しや緩急接続はできなかった。これを島式2面4線の待避可能な駅とし、国道16号八王子バイパスと立体交差化すべく1983（昭和58）年から隣の長沼駅も含めた平山城址公園〜京王八王子・北野〜京王片倉間の約3.2kmで高架線による連続立体化がなされることとなった。1990（平成2）年に高架化、1992（平成4）年にホームの2面4線化が完成した。これにより踏切6か所が除去された。また工事最中の1985（昭和60）年に八王子バイパスが暫定開業し、北野1号踏切で今の側道部分が交差していた。
◎北野　1977（昭和52）年11月23日　撮影：長谷川明

北野〜京王八王子間は長らく単線で敷設されていた。複線となったのは1970（昭和45）年5月のことで、これにより京王線が全線複線化された。また北野駅で高尾線へ向かう列車が半分ほどあるため、北野〜京王八王子は京王線では最も運転本数が少ない区間でもある。◎北野〜京王八王子　1977（昭和52）年11月23日　撮影：長谷川明

京王線の終点である京王八王子駅は地下駅で島式1面2線。かつては東八王子駅と呼ばれていたが、1963（昭和38）年に現在の駅の地上部分へ移転。それと同時に京王八王子へ改称された。地上時代はホーム前後が都市計画道路に挟まれており、そのままホームの10両化対応ができないため北野11号踏切を立体化する形で駅付近397mが地下化され、北野側175mに取付部として堀割区間が設けられた。これにより京王線急行系統の全区間10両編成運行が可能となり、朝方ラッシュ時に高幡不動駅で行っていた付属編成増結作業が解消された。
◎京王八王子〜北野　1993（平成5）年5月13日　撮影：諸河久

複線同士が分岐する駅での高架化工事であったため、幾度と線路切り替えが繰り返された。特に仮線は複線分確保され、一時期は長沼手前から北野まで先に高架化された高尾線と地平の仮線を走る京王線とで複々線状態となったこともあった。その後、京王線上りだけ地平仮線の3線となり、完全高架化された。そのため工事期間中は信号所が2か所設置され、全線管理のTTCシステムからも切り離されていたという。また北野駅は高架化後も京王線と高尾線との平面交差はそのまま残された。◎北野　1993（平成5）年5月13日　撮影：諸河久

相模原線

調布〜橋本間22.6kmを結ぶ相模原線は、多摩川の砂利採取を目的として多摩川支線として1913（大正2）年に調布〜多摩川原（京王多摩川）間で開業。多摩ニュータウンや相模原市へのアクセス路線として、この支線の京王多摩川駅から先を延伸。稲城を経由して多摩ニュータウン、そして城山町、津久井町へと向かう約29kmの路線として計画された。

延伸工事は1971（昭和46）年に京王多摩川〜京王よみうりランド間の2.7kmが開業し、1990（平成２）年３月30日に橋本駅まで開業した。また路線全体が都市高速鉄道10号線の一部に指定されており、都営新宿線との直通列車が多数設置されている。◎京王堀之内〜南大沢　1998（平成10）年１月９日　撮影：諸河久フォト・オフィス

相模原線の起点である調布駅は京王線との分岐駅。多摩川支線の調布〜京王多摩川間のカーブが急であったため、調布駅を200m新宿方へ移転し、京王多摩川駅へ至るカーブを緩和する線路改良が1954（昭和29）年に行われた。かつての駅は6000系が通っている調布1号踏切のすぐ八王子方にあり、このホームを出た直後に多摩川支線は約90°曲っていた。その先の直線区間の位置は変わらないので、いかに急カーブだったかがわかる。
◎調布　1981（昭和56）年　撮影：長谷川明

相模原線は、そのほとんどを占める延伸区間は全ての道路と立体交差しているため踏切はなかったが、戦前からある多摩川支線だった調布〜京王多摩川間には踏切が残されていた。これらは2012（平成24）年の地下化により除去され、相模原線は京王で唯一踏切がない路線となった。また平面交差解消により列車間隔の均等化もなされた他、これまでは不可能だった調布駅での相模原線列車の緩急接続も可能となっている。写真右上にある品川通りの陸橋は、工事着工前はアンダーパスであったが支障するため陸橋となっていた。これは線路の地下化により撤去されている。
◎調布〜京王多摩川　2011（平成23）年9月11日

京王多摩川駅は相模原線としての延伸に備えて1968（昭和43）年12月に先行して高架化された。これはその先にある多摩川を越えるためであった。また高架化時のホーム延長は170mだったが、将来10両編成に対応できるようになっていた。また京王よみうりランド駅までの延伸直前まで多摩川橋梁までの高架橋を利用して引上線として利用していた。
◎調布～京王多摩川　2010（平成22）年1月13日　撮影：近藤倫史

相模原線の多摩川橋梁は全長346mで1968（昭和43）年9月に完成した。橋梁の大部分を占めるのは複線下路式3径間連続ワーレントラス桁だ。調布方から64m、72m、64mと繋がっており、その手前には桁長42mの3径間連続ボックスガーター桁が連なる。◎京王多摩川～京王稲田堤　2018（平成30）年1月23日

多摩川支線の終点であった京王多摩川駅は、砂利採掘のために敷設されたが、それ以外は閑散としていたため京王電気軌道が1927（昭和2）年に京王閣という遊園地を開設したが終戦直後に売却され、跡地の一部には京王閣競輪場（写真右下）が建設された。それ以外にも戦後当駅周辺には京王遊園や京王百花苑（写真左下）、京王プールなどのレジャー施設が設けられ、京王遊園跡は京王テニスクラブ（写真中央付近）となっている。◎京王多摩川　2016（平成28）年5月18日

相模原線は京王多摩川〜稲城中央、稲城中央〜相模中野と2つに区切って敷設免許を取得した。しかし多摩ニュータウンの開発遅れから、稲城中央までの建設計画を一部修正し、京王多摩川〜京王よみうりランド間の2.7kmを1966（昭和41）年10月12日に自社工事として着工し、1971（昭和46）年4月1日に開業した。この延伸区間のうち京王稲田堤駅は神奈川県川崎市にあり、初めて東京都外に路線が延びたこととなった。
◎京王稲田堤〜京王多摩川　1976（昭和51）年4月　撮影：長谷川明

1992（平成4）年5月に相模原線へ初の特急列車が設定された。停車駅は新宿・明大前・調布・京王多摩センター・橋本と今の京王ライナーより少なかった。準特急が登場する2001（平成13）年に廃止されるまで8両編成で運転され、当時最新鋭だった8000系8両編成も充当されていた。◎京王多摩川〜京王稲田堤　1995（平成7）年2月27日　撮影：諸河久

相模原線は稲城〜若葉台間の約350m区間で用地買収に難航し、予定よりも開業が半年ほど遅くなった相模原線では他にも京王よみうりランド駅付近の約30m区間でも用地買収に難航。こちらは暫定的に単線で開業し、しばらくの間は写真のようなに当該箇所を避けるような形で線路が敷設されていた。
◎京王よみうりランド〜稲城　1975（昭和50）年4月　撮影：長谷川明

上の写真と同じ場所を反対側の調布方から見た写真。分岐器があった跡などはすっかりなくなっており、この場所に開業時にごく一部分だけ単線区間があったとは言われても気づかないであろう。また通勤快速は新宿〜府中までの急行停車駅と府中以西各駅と新宿〜調布と相模原線内各駅に停まる列車でラッシュ時を中心に長らく運転されたが、2013（平成25）年のダイヤ改定で区間急行へと改められた。
◎稲城〜京王よみうりランド　1995（平成7）年2月27日　撮影：諸河久

京王よみうりランド〜京王多摩センター間の9.9kmは1972（昭和47）年10月より建設され1974（昭和49）年10月18日に開業。小田急電鉄多摩線と同じく日本鉄道建設公団が施工し、最初の公団民鉄線（P線）工事線区となった。相模原線は非常に線形がよく、調布や橋本付近を除けばカーブ半径800m以上、勾配も30‰以下となっており高速運転が可能だ。また写真のあたりの線路は若葉台まで低地部となる三沢川沿いに敷設された。
◎稲城〜京王よみうりランド　1996（平成8）年2月19日　撮影：諸河久フォト・オフィス

若葉台駅には若葉台検車区と京王電鉄の全ての車両を検査する若葉台工場が併設されている。敷地面積は94,200㎡で、稲城市と川崎市にまたがった都県境に位置しており、建物関係は東京都に収まるように配置され、神奈川県側は基本的に留置線がある。現在は留置線33本362両の収容が可能となっている。◎若葉台検車区　2018（平成30）年12月23日

若葉台には京王多摩センター延伸開業時に400両規模の相模原線の車両基地を計画していた。しかし多摩ニュータウン第3住区の造成工事の関係で、この付近の大規模な掘削工事が遅れてしまった。そのため開業当初は8両編成6本分の電留線のみが整備された。◎若葉台　1978（昭和53）年10月8日　撮影：長谷川明

京王線系統の所属車両数が440両となり桜上水工場の処理能力が限界を迎えていたため若葉台に新工場を1981年より建設し、1983（昭和58）年10月に完成した。これにより桜上水工場は若葉台工場へ移転している。また井の頭線の車両は台車や床下機器などの主要機器類を富士見ヶ丘作業所で車両から取り外して若葉台工場にトラックで運び込まれ、検査を行っている。◎若葉台工場　撮影年月不詳

工事の遅れにより小規模な留置線でスタートした若葉台の車両基地であったが、堀割りの拡張などの造成工事が進められ、その後8両編成11本留置できる規模となったが車両基地は広大な敷地があるため、まだスカスカであった。当初は桜上水検車区若葉台出張所が開設されたが、桜上水検車区の老朽化と長編成対応するため1984（昭和59）年に若葉台検車区が開設された。◎若葉台　1982（昭和57）年3月　撮影：長谷川明

若葉台工場の建設にあたっては丈夫で長持ちすること、良好な作業環境の確保、公害発生源の排除の3点を柱に設計された。写真は車体作業場の32tクレーンで、当時は直営であったが、2002（平成14）年7月以降、整備業務は京王重機整備に委託されている。◎若葉台工場　1993（平成5）年6月11日　撮影：諸河久

京王線系統は1372mmの馬車軌間で、都営新宿線以外の路線とは線路が繋がっていない。そのため新造車両は車両メーカーや甲種輸送の着駅からトレーラーで運ばれてくる。写真は9738編成が若葉台工場に搬入される時のものだ。かつては新宿付近の併用軌道上や東府中1号踏切、高幡不動駅付近などから搬入されていた。
◎若葉台駅前　2008（平成20）年3月14日

若葉台工場では、入換車としてメルセデスベンツ製のウニモグと呼ばれる多目的動力車に馬車軌間の鉄輪走行装置を装着し、入換軌陸車として使用していた。この車両1台で約400tある10両編成を牽引することができた。京王の絵本では、マルチプルタイタンパーなどと共にキャラクター化されていたが、残念ながら2021（令和3）年に引退した。
◎若葉台　2017（平成29）年7月19日　撮影：田川太一

若葉台駅を出ると京王永山駅までに2つのトンネルを通過する。これらは若葉台側から第一若葉台トンネル（L＝445m）と第二若葉台トンネル（L＝395m）だ。1972（昭和47）年8月に着工し、1973（昭和48）年12月にほぼ完成したこのトンネルには稲城砂層という砂層があり、リングカット工法とサイロット工法を駆使して施工された。
◎京王永山～若葉台　2009（平成21）年10月11日

京王永山駅から京王多摩センター駅にかけては小田急多摩線と並走する。この区間はニュータウンの低地部に流れる乞田川沿いに高架橋で建設され、鎌倉街道や貝取大通りなど多摩ニュータウンの主要道路と立体交差している。小田急電鉄多摩線と同じ高さで建設されているため、さながら複々線の様相となる。
◎京王多摩センター～京王永山　2024（令和6）年1月28日　撮影：田川太一

京王多摩センター駅は、開業時から島式2面4線の高架駅でホーム延長は20m車10両に対応した210mとなっていた。すぐ横には小田急多摩センター駅も設けられており、これは駅を隣接させることにより駅への集中性を高め、ニュータウン全体の集約地となる多摩センター地区に集中化させるためでもあった。開業して間もない頃で、駅周辺がまだ造成中だ。◎京王多摩センター　1975（昭和50）年4月　撮影：長谷川明

1988（昭和63）年5月21日に京王多摩センター～南大沢間で延伸開業した。当初計画では京王多摩センター～橋本間の途中駅は由木平駅（南大沢駅）のみで、京王堀之内駅や多摩境駅は計画になかったが、京王堀之内は付近に別所・堀之内地区センターを設置するため追加された。また京王多摩センター～橋本間8.8kmは1983（昭和63）年に着工しており、本来であれば南大沢～橋本間も一括開業の予定であった。しかし橋本駅付近2か所の用地買収に難航したため京王多摩センター～南大沢間で暫定開業となった。この時すでに南大沢周辺の一部地区で入居が始まっており、開業までは多摩センターへバス輸送を行っていた。◎京王堀之内～南大沢　2024（令和6）年1月28日　撮影：田川太一

南大沢～橋本は当初、途中駅はなく開業したが、町田市の相原・小山地区区画整理事業内に都による請願駅が計画され、1991（平成3）年4月に多摩境駅として開業した。これは相模原線がニュータウン新線という位置付けで補助金絡みともいわれる。また写真の堀割りの橋本方にはニュータウン境に近い尾根を抜ける全長562mの南大沢トンネルがある。
◎多摩境～南大沢　2021（令和3）年1月9日

橋本駅付近の用地問題も解消したのち、1990（平成2）年3月30日にようやく橋本まで開業した。さらにこの先の津久井湖方面への延伸計画もあり、橋本～相模中野間の約9kmは単線で建設され、相模川橋梁は約570mとなる予定であったが、1988（昭和63）年に延伸区間の免許を返上している。また橋本駅は高架駅で、ホーム部分を全面的に覆った。この屋根全覆い方式はホーム上に中柱があるケースが多いが、柱を線路の外側に建ててラーメン構造としてホームに柱のない開放感のある構造となっている。◎橋本　1993（平成5）年9月19日　撮影：諸河久フォト・オフィス

競馬場線

京王線は古くから都心から東京競馬場への最短ルートとして利用されていた。しかし国鉄が東京駅～東京競馬場駅での直通列車の運転。また観光バスやタクシーなどの台頭もあり利用客が減少していた。そこで東府中駅から東京競馬場近くに線路を延ばして駅を建設し、1955（昭和30）年4月29日に開業した。敷設免許申請から1年余りで開業とハイスピードで建設された。◎東府中～府中競馬正門前　2011（平成23）年1月27日

競馬場線は東府中〜府中競馬正門前の0.9kmで、全線複線で敷設されている。東府中駅は3面4線で、海側に競馬場線
専用ホームがある。京王線で複線同士が分岐する駅は調布、東府中、北野の3駅で、東府中以外の駅は地下化や高架化
されたため、線路が複雑に絡みあう平面交差を間近で見られるのはここ東府中だけとなった。
◎東府中　1993（平成5）年5月12日　撮影：諸河久

競馬場線開業により開業前年である1954（昭和39）年の天皇杯開催日における東京競馬場への鉄道利用者は京王線、国
鉄下河原線、国鉄南武線とほぼ均等に分かれていたが、開業から2年後の1957（昭和32）年には約55％が京王線利用と競
馬場線開業の効果は大きかった。またレース開催日は開業当初から直通の急行を運転しており、現在も開催日になると
増発され8両編成が行き来し、直通の急行が運転されている。
◎府中競馬正門前〜東府中　2024（令和6）年1月28日　撮影：田川太一

東京競馬場でレースが開催されない日は２両編成の列車が線内を行ったり来たりする。開業時は30分間隔であったが、現在では20分間隔となった。ワンマン化からはもっぱら6000系が使われてきたが、2011（平成23）年に引退。以降は7000系の２両編成２本がワンマン化され、運用されている。◎府中競馬正門前　2011（平成23）年１月４日

幅の広いホームをもつ府中競馬正門前駅。かつては線路の両側にホームがある頭端式３面２線であったが、現在では降車ホームが撤去されている。レースの開催日以外は閑散としており、京王の駅で最も初電が遅くと終電が早い駅である。また10両編成対応化の際にホームを終端側に２ｍ、東府中方を50m延伸した。その際に駅直近の踏切が一つ廃止された。◎府中競馬正門前　撮影年月不詳

動物園線

高幡不動駅と多摩動物公園駅間の2.0kmを結ぶ動物園線。都が計画していた自然動物園を南多摩郡七生村（現 日野市）と京王帝都電鉄が誘致をし、村が土地を、電鉄が建設工事をして東京都へ寄贈した多摩動物公園へのアクセス路線として1964（昭和39）年4月29日に開業した。途中に駅はなく、しばらくは多摩動物公園線という路線名であった。
◎多摩動物公園〜高幡不動　1993（平成5）年5月11日　撮影：諸河久

起点である高幡不動駅は3面5線。そのうち動物園線へ発着できるのは専用ホームの1番線と2番線だけだ。かつて1番線はそれ以上の両数まで対応していたが、ワンマン化の際にホームセンサーを設置した関係で、4両編成しか乗降ができない。そのため京王線からの直通や6両編成以上の列車は2番線から発着する。
◎高幡不動　2010（平成22）年12月30日

高幡不動駅を新宿方に出るとすぐさま京王線と離れ、進路を南へ変えていく。ここから当線最急の33‰勾配がはじまり、大回りする線形で勾配を稼ぎながら、多摩動物公園へ向かう。そのため高幡不動駅付近で交差するモノレールでは、立体交差から並走するまで500m弱ほどの距離だが、当線は600m強と少々長くなっている。この区間に当線の最急曲線である半径160mのカーブもある。◎多摩動物公園〜高幡不動　2021（令和3）年4月29日　撮影：田川太一

1958（昭和33）年5月5日に開園した多摩動物公園であったが、当日は予想を大きく上回る大混雑で新宿駅では切符を売り尽くすほどの盛況さであった。動物園線は動物園建設が佳境を迎えた1957（昭和32）年2月2日に地方鉄道敷設免許申請を行い、1963（昭和38）年より建設された。開園から当線開業までは、高幡不動駅から京王バスか徒歩でのアクセスしかなかった多摩動物公園は当路線開業でアクセスが飛躍的に向上した。また路線開業直後には明星大学が、1977（昭和52）年には中央大学が当駅周辺にキャンパスを開設し、通学路線としても重宝され、車両編成数も最初は直通以外の線内運用にデハ220形単行も混じっていたが、徐々に線内運用も長編成化され、5000系などで運転されていた。
◎高幡不動　1985（昭和60）年1月　撮影：長谷川明

線路は全線単線で、架道橋や橋梁なども含めて全線に渡り複線用地が確保されている。また起点の高幡不動駅から終点の多摩動物公園駅はそれなりの標高差がある。そのため多摩動物公園駅へ向かって連続した上り勾配で、最大33‰の勾配がある。それ以外の区間でも駅部以外は平坦ではなくカーブも多く準山岳路線となっている。
◎高幡不動～多摩動物公園　撮影年月不詳

動物園線を走る車両は多摩動物公園などのラッピングが施されている。最初に行われたのはデハ220形に施された動物を模した木の飾りであった。大掛かりなものは1984（昭和59）年11月オーストラリアから多摩動物公園にコアラが来園したのを記念して5000系と6000系に施された「コアラ号」で、これは1985（昭和60）年5月頃まで約半年運転された。
◎高幡不動　1985（昭和60）年2月20日　撮影：長谷川明

2002（平成14）年からはワンマン化後、動物園線専用車となった6000系6722編成にコアラやキリンなど動物のイラストをラッピングした「TAMA ZOO TRAIN」の運行が始まった。2011（平成23）年に6000系が引退するまでこのラッピングで運行されていた。◎多摩動物公園〜高幡不動　2011（平成23）年3月11日

2011（平成23）年３月に6000系6722編成が引退すると、7000系7801編成が動物園線専用車となった。当然この編成にも
「TAMA ZOO TRAIN」ラッピングが施されたが、6000系とは異なるイラストとなり、車体幕板部までラッピング範囲
が拡大された。その後、2013（平成25）年に多摩動物公園駅一帯が「キッズパークたまどう」へ変更されたことに伴い、
同年３月22日よりラッピングを一新した新「TAMA ZOO TRAIN」が登場。車体はピンク地で、「京王れーるランド」「京
王あそびの森HUGHUG」「多摩動物公園」のロゴやキャラクターが描かれている。また内装も４両それぞれゾウ・シカ・
ライオン・ペリカンをイメージした装飾となった。「キッズパークたまどうトレイン」とも呼ばれている。
◎高幡不動〜多摩動物公園　2023（令和５）年10月８日　撮影：田川太一

2000（平成12）年に開業した多摩都市モノレールとは並行路線となっており、0.8kmポスト付近から終点まで完全に並走する。このモノレールの開業により中央大学と明星大学直結の駅ができた関係で動物園線の利用客数は激減した。そのため学生向けに運転されていた列車は減便となり同年よりワンマン化された。
◎高幡不動〜多摩動物公園　2021（令和3）年1月1日

動物園線では京王線新宿や都営新宿線本八幡から直通の急行列車が運転されていた。起点と終点しかないため、急行はすべての駅に停車する。長らく京王車で運転されていたが、2020（令和２）年２月22日から約１年間ほどは都営車が運用に入っていた。◎高幡不動〜多摩動物公園　2020（令和２）年３月29日　撮影：田川太一

直通の急行は高幡不動駅でスイッチバックする運転形態がとられる。特に上りの急行は下り本線を横断する必要があった他、併合する列車は更に複雑だった。その上り列車の設定は2013（平成25）年までで、以降は下りのみの運転となっていたが、世界的なCOVID-19の流行により2021（令和３）年３月以降、設定は無くなったが、停車駅案内には急行がまだ残っている。◎多摩動物公園〜高幡不動　2010（平成22）年11月７日

終点の多摩動物公園駅は島式の1面2線。1番線はツーマン運転の10両編成対応だが、2番線はワンマン運転仕様となっており、4両編成用だ。かつてはホームを挟んで両側に降車ホームがあったが、需要減とワンマン化により撤去された。◎多摩動物公園　1987（昭和62）年4月13日　撮影：諸河久

多摩都市モノレール開業後に乗降客数が激減したが、減ったのは主に大学生と大学職員。駅周辺は木々で駅からは見えにくいが住宅地となっており、住民の通勤通学の足としても利用されている。またモノレールの駅よりも京王側の乗降客数がダブルスコアで多くなっており、まだまだ京王優勢だ。駅直結で「京王れーるランド」と「京王あそびの森HUGHUG」があり、多摩動物公園の3つを合わせて「キッズパークたまどう」と称している。
◎多摩動物公園　2018（平成30）年12月14日

高尾線

北野～高尾山口間の8.6kmを結ぶ高尾線は1967（昭和42）年10月1日に開業した。北野～山田間の3.7kmは1945（昭和20）年に休止となった1931（昭和6）年開業の御陵線（北野～多摩御陵間の6.4km）の軌道敷を利用し、着工から竣工までは1年9か月と急ピッチで建設された。開業により高尾山へのアクセスがよくなり、知名度も上がり観光路線と通勤路線を兼ね備えた路線となっている。また高尾山に向かう路線は戦前にもあった。それは東八王子付近から高尾橋（現在の高尾山口駅付近）を結んでいた武蔵中央電気鉄道という路面電車で、1937（昭和12）年に京王電気軌道が買収。御陵線の武蔵横山駅にて連絡する形で横山車庫前～高尾山麓間で運転された。
◎高尾山口～高尾
2016（平成28）年4月29日

起点となる北野駅の地上時代は相対式と島式の2面3線。2線が京王線で、下りホームの八王子方に高尾線区間列車用の短いホームがあった。跨線橋はなく構内踏切で結ばれていた。◎北野　1977（昭和52）年11月23日　撮影：長谷川明

1992（平成4）年頃までは週末を中心に新宿発の分割のない直通の行楽特急が運転され、高尾山口へ向かう列車には高尾、京王八王子行きには陣馬のマークが掲げられた。列車によっては京王線新宿駅を1分差で発車する列車もあった。◎北野　1977（昭和52）年11月23日　撮影：長谷川明

北野駅を発車する2600形のさよなら列車。晩年、高尾線などの支線で活躍していた。写真左奥をよく見ると北野駅構内で京王線と高尾線とが分岐している様子を見ることができる。高尾線は一部を除き高尾山口へ向かって上り勾配となっている。意外なことに開業時の最急勾配は写真の横浜線を越える築堤区間で35‰勾配だった。
◎北野～京王片倉　1977（昭和52）年11月23日　撮影：長谷川明

北野駅を出ると高い築堤で横浜線を越えていた高尾線であったが、北野駅が高架化されるとこの付近の築堤の半分ほども高架化された。これによりこの付近の勾配が変更され、高尾線最急勾配区間は、めじろ台～狭間間にある33‰となった。またほとんど道路と立体交差となっている高尾線だが、京王片倉～山田間にある京王片倉1号踏切のみ踏切がある。これは路線休止時に鉄道用地内へ勝手に作られた道の名残で、ほとんどを立体化したが1箇所だけ踏切となったためだ。◎北野～京王片倉　1993（平成5）年3月26日　撮影：諸河久

御陵線時代からの築堤や切り通しなどを復活させた区間は、山田〜めじろ台間の築堤上の北野起点３ｋ760ｍ地点で終わり、この先の4.89kmは新規に建設された区間を走る。またその先、多摩御陵までの残り2.7kmあった御陵線は廃止となった。写真は北野起点３ｋ700ｍ地点付近で、ちょうどこの辺りで完全な新線へと切り替わる。
◎山田〜めじろ台　1996（平成８）年４月10日　撮影：諸河久フォト・オフィス

めじろ台から先の新線区間は、主に堀割りと高架橋となっている。高尾駅を出ると高尾山口まで高尾線は単線となる。京王線内の単線区間はここの他に動物園線があるが、用地まで含めて単線となっているのはここだけだ。またこの区間には単線山岳トンネルが2つあり、高尾第一トンネル（L＝331m）と高尾第二トンネル（L＝118m）だ。いずれも現在は坑口に簡易ながら落石防止のシェードが設けられている。◎高尾〜高尾山口　2007（平成19）年11月22日

高尾線開業と同時に販売を開始しためじろ台分譲地の中にあるめじろ台駅。堀割り区間に設けられた駅で、大規模宅地造成のため丘陵部に切り土、盛り土を施し造成してから線路部分の堀割りを掘削している。駅は開業時は副本線のある島式2面4線で20m6両に対応したホーム長であったが、ホーム延伸工事の際に副本線が撤去され、2面2線となった。
◎めじろ台　2020（令和2）年10月20日

かつて京王線の特急は高幡不動で京王八王子行きと高尾山口行き分割併合を行なっていたが、ハイキング特急などでは分割しないケースもあった。また誤乗防止のため、吊り革の色を緑の吊り革、白い吊り革と色分けを行っていた。
◎高尾～高尾山口　1993（平成5）年5月4日　撮影：諸河久

高尾第二トンネルを出るとすぐに高尾第五架道橋を渡り終点の高尾山口へ到着する。この高尾第五架道橋は京王線唯一の単線下路ワーレントラス橋で全長は64m。国道20号線と案内川を越えている。京王線は百草園付近から浅川に沿うように走っているが、浅川は一回も渡らない。◎高尾山口　1982（昭和57）年

井の頭線

渋谷〜吉祥寺の12.7kmを結ぶ井の頭線。京王電鉄で唯一1067mm軌間の路線で、1933（昭和8）年8月1日に帝都電鉄渋谷線として渋谷〜井の頭公園間が開業し、翌年4月に吉祥寺まで全線で開業した。その後は小田原急行鉄道帝都線となり、いわゆる大東急の東京急行電鉄井の頭線となった。1948（昭和23）年に京王・小田急・京急・東横百貨店が東急か

ら分離独立する際に、井の頭線は京王に移管されることとなり、京王帝都電鉄井の頭線となっている。
◎東松原　1998（平成10）年6月12日　撮影：諸河久フォト・オフィス

井の頭線の起点となる渋谷駅は島式１面と降車ホーム１面をもつ頭端式２面２線。かつては３面３線であったが、ホーム幅を拡幅するため真ん中の線路を撤去して２面２線へと改良し、戦後復旧の木造駅舎から５階建ての駅ビルへと改築する工事が1958（昭和33）年から行われ、1960（昭和35）年４月に完成した。長らく使われてきたが、渋谷マークシティの

建設に伴い1989（平成元）年より大規模な駅改良工事を開始。混雑緩和のため改札口が43m吉祥寺方へ移動しており、現在この場所は地上へのエスカレーターがある辺りだ。◎渋谷　1993（平成5）年5月25日　撮影：諸河久

渋谷駅は隣に東京急行電鉄玉川線跡にある東急バス専用道とそのバスターミナル、さらにその隣には営団地下鉄銀座線の渋谷検車区があり、寄り添うよう に敷かれていた。これらは1994（平成6）年からはじまった京王・東急・営団3社による再開発ビル渋谷マークシティの建設工事の際に大規模な改良工事が行われ、井の頭線渋谷駅の拡張改良や高速バスのターミナルのビル5階への移転、渋谷検車区の留置両数増など構内改良などがなされ、いずれもこのビル内に設けられた。
◎渋谷
1993（平成5）年5月25日
撮影：諸河久

井の頭線の車両20m化工事に伴って11駅でホーム延伸工事や改良工事が実施された。ホームが踏切に挟まれた駅が多い井の頭線では、ホームを十数メートル延ばすのでも大工事となり、特に渋谷駅と神泉駅は特に大掛かりなものだった。この工事の完成により1996（平成8）年1月より1000系の運転が開始され、いよいよ井の頭線でも20m車での運転がスタートした。これにより渋谷駅は吉祥寺方に移動。工事によりホーム幅がこれまでの最大11.9mから19mとなり、ホーム延長も94mから125mとなった。また中央改札1ヶ所のみだった改札口も吉祥寺方に新たに西口改札口やアベニュー口が設けられた。これにより井の頭線の路線長は0.1km短縮された。◎渋谷　2021（令和3）年2月20日

渋谷駅吉祥寺方にかつてシーサスクロッシングが設置されていた場所も今はホームが設置されており、この位置に西口へ降りる階段がある。また現在、シーサスクロッシングはここから70m吉祥寺方に移設され、渋谷トンネルの渋谷方の部分にある。ここは道玄坂付近のビル建設でトンネルが変形する危険性から1974（昭和49）年に複線箱型トンネルに改修した区間でもある。◎渋谷　1993（平成5）年5月25日　撮影：諸河久

渋谷駅改良工事では、玉電跡地である東急バス専用道の用地を営団渋谷検車区と井の頭線渋谷駅が利用する形で駅構内の拡張を行った。降車ホームの壁の向こう側には高さはやや異なるが銀座線の旧渋谷検車区が広がっている。写真の1番線や降車ホームはかつての玉電、その後の東急バス専用道の用地をまさに利用した空間だ。
◎渋谷　2021（令和3）年2月20日

井の頭線には２つのトンネルがあり、どちらも起伏に富んだ渋谷周辺にある。まずは渋谷〜神泉間のほとんどを占める渋谷トンネルで延長348m。当初は切り通しを計画していたが、多額の費用がかかることから山岳工法による隧道方式となった。土被りが２〜３ｍと浅く上に住む住民からの反対運動などもあり渋谷線で１番の難工事だったという。
◎渋谷〜神泉　2024（令和６）年２月３日

神泉駅は渋谷トンネルと神泉トンネルに挟まれた僅かな明かり区間に設けられた駅で、駅と渋谷トンネルの間には渋谷１号踏切がある。ホーム延伸までは神泉トンネル内にもホームがあったもののホーム幅員2.8m、有効長57ｍと５両分は確保されておらず吉祥寺方２両は締切扱いであった。これをホーム幅３ｍ、有効長105mとする工事が行われ1995（平成７）年９月に完成した。また神泉トンネルは全長265m。中柱のある箱型トンネルで開削工法にて建設された。
◎神泉　2024（令和６）年２月３日　撮影：田川太一

渋谷トンネルは単線馬蹄形トンネルが並列しているが、これは一体で建設されたもの。上下線間は厚さ0.76mのコンクリート壁で仕切られている。アーチ部を鉱滓煉瓦とした鉄筋コンクリート構造で、基礎面から4.88mが鉄筋コンクリート構造、上部のアーチ部はレンガ5層巻となっている。◎神泉〜渋谷　2023（令和5）年9月8日

神泉駅の改良工事は神泉トンネルを改築する大工事となり、1992（平成4）年11月に着工。トンネル直上にある民家に影響が出ないように一部をパイプルーフ工法で仮受けして、内部を掘削する形で施工された。これによりホームはトンネル内で43m、駅舎を橋上化して踏切側に5m延伸し、20m車5両にも対応できるようになった。ホームを駅舎が覆う形となるため、見た目上の明かり区間がさらに短くなっている。◎神泉　2014（平成26）年3月14日

井の頭線の所要時間の短縮や運転間隔の改善などを目的に1965（昭和40）年7月11日に駒場駅と東大前駅を統合して開業した駒場東大前駅。井の頭線で一番新しい駅で、ホームは島式1面2線。統合された両駅は駅間距離400mほどと特に短く、その中間に設けられた。これにより渋谷～吉祥寺間の所要時間が24分となった。
◎駒場東大前　1993（平成5）年4月6日　撮影：諸河久

かつての駒場駅は駒場東大前駅の池ノ上方にある現在の駒場東大前1号踏切から駒場東大前変電所付近にかけて設置されていた。ホームは相対式2面2線で、駅舎は踏切脇の山側に設けられ構内踏切も設置されていた。また下り線ホーム擁壁跡が現在も残されており、このすぐ裏にはケルネル田圃と呼ばれる水田があり、井の頭線の車内からも見ることができる。◎駒場東大前～池ノ上　1993（平成5）年4月6日　撮影：諸河久

かつての東大前駅は島式1面2線のいわゆる帝都式駅舎と呼ばれる踏切に挟まれた空間に駅舎が設けられたもので神泉1号踏切を渡って駅にたどり着いた。駅舎とホームは神泉1号踏切と駒場東大前駅間にあり、まさに写真のあたりであった。◎駒場東大前〜神泉　2022（令和4）年11月24日

各停しか走っていなかった井の頭線は渋谷〜吉祥寺で24分かかっており、中央線のバイパス機能向上や日中の旅客誘致のため1971（昭和46）年12月1日から急行列車が運転された。停車駅は当初から現在まで変わらない。写真の片扉車3000系1次車3701、3702編成は開扉・閉扉時間が両扉車より長いため扉扱いの少ない急行運用を中心に運用された時期もあった。◎駒場東大前〜神泉　1982（昭和57）年3月30日　撮影：諸河久

小田急の線路とホームを縫うように井の頭線の橋脚が建てられた下北沢駅。小田原急行鉄道の関連会社であった帝都
電鉄では、開業時から小田原急行鉄道と連絡運輸を行なっていた。1957（昭和32）年11月1日に京王側の出入口として
西口を新設。それまでは小田急側にしか改札がなく、駅全体を小田急に委託していたが、これにより京王も駅を管理す
るようになった。写真の光景は小田急の地下化で過去のものとなった。
◎下北沢　1993（平成5）年5月23日　撮影：諸河久

井の頭線は山手の起伏に富んだ区間に敷かれており、全線のうち約半数が曲線となるほど多い。この新代田付近にはかつて小田急電鉄小田原線世田谷代田駅とを結ぶ代田連絡線があり、戦災で車両が極端に不足した井の頭線へ小田原線から車両融通や経堂工場でも検査などを行なっていた。そのため代田二丁目（現・新代田）駅にはかつて渡り線があり、渋谷～代田二丁目の区間列車も存在した。◎新代田～下北沢　2010（平成22）年1月26日

明大前は京王線と井の頭線の乗換駅で、井の頭線で唯一、自社線連絡のある駅でもある。京王線、井の頭線ともにホームは相対式2面2線で十時にクロスするように敷設されている。井の頭線のホームは堀割りの中に建設されており、計画では東京山手急行時代に取得した免許線と島式2面4線構造で対面接続する予定であった。
◎明大前　1982（昭和57）年8月30日　撮影：長谷川明

渋谷線開業時は西松原という駅で、京王線の松原駅はここから西に300mほど離れた場所に設けられており、他社でもあるため乗り換えの考慮はされてなかった。しかし、1935（昭和10）年に京王線松原駅が渋谷線との交差部に移転し、どちらも明大前駅に改称され一体となった乗換駅になった。また当駅は明大前駅管区→井の頭北管区に所属し、管区長所在駅として井の頭線に属している。◎明大前　1980（昭和55）年頃

明大前駅付近など井の頭線は堀割り区間が多い。これは東京山手急行の「塹壕式路線」の思想を汲んだもので、堀割りで立体交差とし、踏切の箇所を減らすものであった。しかし湧水や水捌けが悪く雨が降るとすぐに冠水していたという。戦後に水捌けを良くし、浸水を防ぐ工事が行われている。写真は上りホームから吉祥寺方を見たもの。ホームすぐにある橋は甲州街道のもので、まだ首都高4号線が建設されてなく、空が広い。
◎明大前～永福町　1965（昭和40）年7月25日　撮影：長谷川明

明大前～永福町間にある玉川上水跨線水路橋は、1933（昭和8）年に玉川上水の水路の下に線路を通すために建設された。この橋には線路を4線分通すスペースがあり、2本が井の頭線だが、もう2本は東京山手急行時代に取得した免許線を通す予定だった。しかし世界恐慌の煽りもあり建設を断念された。また井の頭線の前身となる渋谷線は渋谷急行電気鉄道によって計画されたもの。その後、東京山手急行電鉄と合併し東京郊外鉄道となり、まず最初に渋谷線、次いで山手線の建設を予定していたようだ。この社名は渋谷～井の頭公園間の開業前年の1932（昭和7）年に渋谷町や高井戸町、和田堀町といった沿線町村が東京市に編入され、郊外という名称がふさわしくないことから1933（昭和8）年1月に帝都電鉄へと社名を変更したという流れがあった。◎永福町～明大前　2023（令和6）年4月19日

永福町駅は井の頭線のほぼ中央に位置する駅で、1971（昭和46）年の急行運転開始時より、緩急接続をとる唯一の駅となっている。かつてはホームが島式1面2線であったが、急行運転開始により当駅で緩急接続をすることになり、1971年に島式2面4線へと改良工事が行われた。◎永福町　2019（令和元）年5月22日

かつて構内には永福町検車区と永福町工場が併設されていた。手狭になったことと、急行運転時の緩急接続するため1966（昭和41）年から1970（昭和45）年にかけて富士見ヶ丘へ順次移転させた。車庫の跡は京王電鉄バスの永福町車庫となり、しばらくは特徴的な検修庫も使われていた。また保守用車の基地として井の頭線の保守用車はここを起点に動いている。◎永福町　2019（令和元）年5月22日

井の頭線の車両は永福町から搬入、搬出されている。写真は1000系1777編成が搬入された時のもので、深夜の終電間際に永福町に留め置かれていたクハ1727号車を3000系が引き出し、終電直後に搬入された新車を推進する形で富士見ヶ丘検車区へ回送していた。真っ暗なクハ1727号車の車内から係員が前照灯の代わりのライトを照らしている。1000系と3000系の車体規格の違いもよくわかる1枚だ。◎浜田山～高井戸　2009（平成21）年5月28日　撮影：佐藤次生

環状8号線と交差する高井戸駅は、開業時は築堤上にある相対式2面2線の駅であった。これは関東大震災からの復興道路として東京市が1927（昭和2）年に計画した大東京道路計画の計画道路と交差するため先行して立体化していたものだった。しかし架道橋の長さが環状8号線の計画より短いため、下り線を海側に移設し、ホームを島式1面2線とした高架駅とする工事が行われ、1972（昭和47）年に完成。かつての築堤はアプローチ部分のみ上り線が使用しており、駅ホーム付近は完全な高架駅となった。◎高井戸　2004（平成16）年5月26日　撮影：佐藤次生

井の頭線沿線の紫陽花は東松原周辺が有名であるが、浜田山〜高井戸間にもある。この付近の線路沿いには紫陽花が植えられ、6月頃になると見頃を迎える。またこの区間の駅間は1.2kmと井の頭線で一番長い。
◎高井戸〜浜田山　2020（令和3）年6月10日

高井戸駅付近の神田川の両岸には流路を直線化する河川改良工事後に桜が植えられ、春先になると満開の桜を車窓から見ることができる。河川改良工事と前後して築堤上の駅は高架化された。渋谷方は大部分が高架線となり、かつての築堤はわずかに残るのみだ。◎浜田山〜高井戸　2021（令和3）年3月27日

ユニット構造である3000系の登場などにより永福町検車区が手狭になったことから1966（昭和41）年に開設された富士
見ヶ丘検車区。井の頭線と神田川に挟まれた空間に設けられ、当初は留置線だけであったが、1970（昭和45）年までに順
次移行し、同年には富士見ヶ丘工場が開設された。この工場は1983（昭和58）年には若葉台工場に統合され、同富士見
ヶ丘作業場となっており、井の頭線車両の主要機器はトラックにより若葉台工場へ運ばれ整備されている。
◎富士見ヶ丘検車区　1993（平成5）年5月26日　撮影：諸河久

井の頭公園の井の頭池が源流の神田川は流れ始めてすぐ井の頭公園駅付近で最初の鉄道橋を潜る。これが井の頭線の神田川橋梁で、同線は久我山〜三鷹台間や明大前〜永福町間でも神田川を跨いでおり、高井戸駅付近までは沿線を沿うように流れている。なお井の頭線の橋梁は活荷重KS-12で設計されていた。
◎吉祥寺〜井の頭公園　2019（令和元）年11月30日

井の頭線の終点となる吉祥寺駅は渋谷〜井の頭公園間開業の翌年となる1934（昭和9）年に開業した。2面2線の頭端式ホームで、地元の希望で開業時から駅部分が高架駅であった。写真を見ると車両が奥の方に停まっているが、これは狭いながらも既に18m車6両分のホーム延長が確保されていたためだ。また中央本線が高架複々線化された直後の1970（昭和45）年に写真奥に見える駅ビルであるターミナルエコービルが開業し、この建物は後に京王が買収した。
◎吉祥寺　1993（平成5）年5月25日　撮影：諸河久

開業時から使用してきた駅部高架橋が老朽化したことから、これを営業しながら改築する工事が2007（平成19）年に着工され2011（平成23）年まで行われた。一時期は特別ダイヤを編成し、1線のみで運転していたこともあった。これに合わせて駅のリニューアルも行われた他、2010（平成22）年より駅ビルの建替工事もなされ、キラリナ京王吉祥寺が2014（平成26）年に開業した。◎吉祥寺　2019（令和元）年8月17日

2章
車両編

京王電鉄には1372mm軌間の京王線系統と1067mm軌間の井の頭線がある。ここでは京王線→井の頭線の順番で車両を紹介していく。写真は9000系がデビュー直後に高幡不動検車区にて当時京王線で走っていた形式を並べたものだ。6000系と7000系はまだ臙脂帯を巻いている。
◎高幡不動検車区　2000（平成12）年12月18日　撮影：諸河久

5000系

1963（昭和38）年8月4日に京王線は600Vから1500Vへの昇圧をおこなった。この際に車体デザインを一新し、路面電車の
イメージから脱却すべく1963年から導入された新車両の5000系。1969（昭和44）年までに155両が製造された。車体長18m
の3扉車だが、先に井の頭線に投入された3000系とは異なり普通鋼製。これまでのグリーン車は車体幅が2644mmであっ
たが、5000系からは2744mmに拡幅された。◎高幡不動検車区　1993（平成5）年6月1日　撮影：諸河久

これまで車体はライトグリーン一色であったが、5000系からはアイボリー地にエンジ色の細帯が入った塗色となった。以降に登場する車両にもこのスタイルは引き継がれ、いつしかアイボリーは京王を象徴する色となっていった。また当初は乗務員扉付近にヒゲのようなデザインもあしらわれていた。連結器が自動連結器であったり、パンタグラフがPS13形である点も注目だ。◎明大前〜代田橋　撮影年月不詳

5000系は大まかに４種類に分けることができる。まず１つ目は1963（昭和38）〜1964年に登場したグループで、車体幅が2744mmの車両だ。登場時は幅広だったのだが、車体規格の変更で狭い部類となった。４両編成側はカルダン制御車で登場したが、付属編成の5070形はデハ2700形の主要機器を流用したため、吊りかけ駆動であった。また当初の台車は標準軌への改軌可能な構造となっていた。◎調布　1982（昭和57）年10月１日　撮影：長谷川明

二つ目は1965（昭和40）〜1966年にかけて製造された5007〜5010、5107〜5112（5077〜5080）編成のグループで車両限界が拡張されたため、車体幅が2844mmに拡幅されたものだ。また高尾線開業で分割併合運用が発生することから、1966（昭和41）年製造車から連結器が電気連結器の付いた密着連結器で登場。またブレーキも電磁直通ブレーキとなり全編成が改造を受けた。このグループは冷房改造を受けず、非冷房車のまま廃車となった。
◎百草園〜高幡不動　1970（昭和45）年3月　撮影：諸河久

三つ目は1966（昭和41）年末〜1967年に登場した5011〜5017、5113〜5118（5081〜5088）編成のグループで、非冷房車で登場したが、1969（昭和44）年に試作改造、1970（昭和45）年より冷房改造を受けた。この際に主電動機出力を130kWから150kWに載せ替えている。また付属編成の5070系はこれまでの吊りかけ駆動からカルダン駆動となった。
◎調布　1980（昭和55）年4月27日　撮影：長谷川明

1967（昭和42）年９月に製造された5017編成では、京王としては初めてスカートを装着して登場した。しかし高幡不動での分割併合の際に支障することから、数年足らずで外された。写真は冷房改造後のもの。
◎つつじヶ丘　1976（昭和51）年３月20日

四つ目は1968（昭和43）〜1969年に製造された5018〜5023、5119〜5125編成で、新製時から冷房車であったグループだ。このうち5018と5019編成は冷房試作車で、関東の大手私鉄通勤形では初の冷房車で、5018編成が分散型クーラー、5019編成が集中型クーラーであった。またこのグループから高尾線などの勾配線区での運用を見据え主電動機出力が150kWへと上がった他、5070系が5100系へと改番された。写真は5019編成で、丸み帯びた冷房装置が特徴的だ。
◎柴崎〜つつじヶ丘　1993（平成５）年５月25日　撮影：諸河久

6000系

京王ではこれまで18m車で車両近代化を行ってきた。しかし、伸びゆく需要や都営新宿線への直通運転なども控えている中、1972（昭和47）年に登場した6000系。京王初の20mの4扉車で、1991（平成3）年までに304両が製造された。当初は抵抗制御だったが、1973（昭和48）年製造車からは界磁チョッパ制御となった。また電気指令式ブレーキやワンハンドルマスコン、地下鉄対応で車体がA-A基準となるなど京王初のものが多かった。
◎聖蹟桜ヶ丘〜百草園　1981（昭和56）年7月　撮影：諸河久

車体は5000系に引き続き普通鋼製で、車体色もそれに準じている。車体は直線的なものとなり、幅は都営新宿線への乗り入れも考慮して、10号線直通規格の2800mmを取り入れるも将来のステンレス化を考慮して車体幅が2780mmと少々狭くなった。しかし室内幅は5000系と同様の2600mm。最初の1次車は抵抗制御車として製造された。
◎京王稲田堤〜京王多摩川　1976（昭和51）年10月　撮影：長谷川明

当初はこれまでの18m車7両を20m車6両として換算して製造されていたが、輸送力増強に伴い駅の8両化対応工事が行われた。これにより1975（昭和50）年に中間車を組み込んで編成を組み替え8両固定編成が登場。抵抗制御車には、新たに先頭車2両を組み込んで、3＋5両の分割編成として8両化が行われた。5000系と同様に基本編成と付属編成で吊り革の色が異なっていた。◎調布　1982（昭和57）年10月1日　撮影：長谷川明

1973（昭和48）年に製造された2次車以降は界磁チョッパ制御で製造され、2次車だけは6両編成で登場。1975（昭和50）年に中間車を組み込んで8両固定編成化された。1979（昭和54）年に1980（昭和55）年より開始される都営新宿線との相互直通運転のため、新宿線用のATCや無線などの機器を搭載する改造を施され、30番代が登場した。写真の6031編成は2次車の元6007編成だ。◎笹塚　1980（昭和55）年3月16日　撮影：長谷川明

続々と増備され、グリーン車を次々に引退へ追い込んでいった6000系。更なる輸送力増強のため急行系統の一部10両編成化が進められ、1981（昭和56）年に増結用の2両編成が登場した。8両編成に増結して10両編成として運行され、京王線初の10両編成列車として相模原線⇄新宿線で運行を開始、翌82（昭和57）年に地上専用車も登場し、地下鉄対応が7本、地上専用が11本製造された。◎高幡不動検車区　1985（昭和60）年2月16日　撮影：長谷川明

1984（昭和59）年11月に多摩動物公園へ日本初のコアラが来園したことを記念して5000系と6000系で行われたコアラ号ラッピング。服を着たコアラの絵柄が車体側面に貼られたもので、1985（昭和60）年5月頃まで行われていた。多摩動物公園直通列車以外の運用にも入っていた。◎幡ヶ谷〜笹塚　1985（昭和60）年2月18日　撮影：長谷川明

普通列車の10両編成化を進めていたものの工事完了まで時間がかかっていた。そこでラッシュの特にピーク時の乗降時間を少しでも短縮させるために5扉車が1991（平成3）年に登場した。5両編成4本が製造され、車体強度の観点から戸袋窓が廃止されている。期待通りラッシュ時に活躍したものの、10両編成化を達成し、混雑が緩和されだすと座席が少ないことが問題となった。そのため晩年は一部が4扉化改造された他、残った車両は組み替えの上、相模原線と動物園線で活躍した。◎多摩動物公園〜高幡不動　2010（平成22）年11月7日

1972（昭和47）年の登場以来長らく走ってきた6000系だが、外観が大きく変わる改造がなされたのはほぼ晩年であった。まずはスカート設置、続いて2002（平成14）年に帯色が8000系や9000系などと同じ京王レッドと京王ブルーに変更された。また2005（平成17）年頃からシングルアームパンタ化が一部編成で行われた。新宿線への乗り入れは2009（平成21）年6月まで続けられた。◎幡ヶ谷〜笹塚　2009（平成21）年6月10日　撮影：近藤倫史

京王の最大勢力として活躍していたが、1998（平成10）年から廃車がはじまり、徐々に数を減らしていった2009（平成21）年11月。6000系として最後の検査入場編成となった6416編成に形式登場時の塗色を再現した復刻塗色が施された。8両編成への増結や競馬場線運用などをこなし、9000系との併結もあった。なお最後まで走った6000系はこの編成ではなく、左ページ下段の6722編成であった。◎笹塚　2009（平成21）年12月14日　撮影：近藤倫史

7000系

普通列車のサービス向上を目的に登場した7000系は当初は５両編成が製造された。6000系と同じく20ｍの４扉車で、車体はコルゲートのついたオールステンレス車となり、井の頭線に遅れること22年ようやく京王線にも導入された。いわば6000系のステンレス版といえる車両だが、地下鉄乗り入れには対応していない。1984（昭和59）年から1996（平成８）年までに190両が製造され、各停から特急まで幅広く運用されている。
◎明大前　1985（昭和60）年１月　撮影：長谷川明

５両編成で登場した7000系であったが、1987（昭和62）年に中間車１両を組み込み６両編成とした。また前年には新造の８両編成も登場し、今回６両化された編成も７本がのちに８両化された。また1988（昭和63）年頃から前面FRPカバーを20番台などのビートプレス車と同様にアイボリーに塗られ、イメージが変わった。
◎笹塚　1990（平成２）年４月１日　撮影：長谷川明

7000系は全体的に6000系とよく似ているが、前面形状が左右対称になったり、窓の大きさが拡幅され、ライトケースが角形の一体型となった。またステンレス製としては珍しく戸袋窓があり、前面のFRP部は車体に合わせてシルバーに塗られている。また足回りは6000系と共通のものとなっている。◎調布　1987（昭和62）年2月6日　撮影：長谷川明

1987（昭和62）年11月以降に製造された8両編成5本と2・4両編成はコルゲート車体からビートプレス車体へと変更された。これまでのコルゲート編成と異なり前面FRP部分はアイボリーに塗られ、最初の8編成2本には前面・側面共に窓上部にもエンジ帯が入った。また4両編成は1993（平成5）〜1994年に5本が、2両編成は1994（平成6）年に5本が製造され、これらは8000系より後に製造されている。いずれも6両編成や8両編成と併結して10両編成で運行するために製造された。2両編成は1M方式であるが、パンタグラフは両方の車両に搭載されている。
◎笹塚　1998（平成10）年1月9日　撮影：諸河久フォト・オフィス

1996（昭和41）年にビートプレス車体の8両編成5本に中間車を組み込み京王初の10両固定編成が登場。2002（平成14）年10月には全編成の帯色がエンジ色から京王レッドと京王ブルーに変更された他、2005（平成17）年にはシングルアームパンタ化もなされた。また2003（平成15）年からはリニューアル工事が実施され、2003年以降の施工車には制御装置のVVVF化も行われた。なお先に施行された車両も追って改造され、2012（平成24）年までに全車VVVF化された。
◎中河原〜分倍河原　撮影年月不詳

2011（平成23）年より混雑緩和を目的に10両編成の運用を増やすことから、2010（平成22）年に8両編成の7000系5本を組み替えて10両編成3本と4両編成、6両編成各1本とした。この改造で新たに10両編成となった3本には先に10両編成となっていたビートプレス車である20番代の続番が振られた。2本目の7727編成の八王子方先頭車がクハ7777号車となりゾロ目車番が登場した。
◎桜上水
2018（平成30）年7月9日

2012（平成24）年にさらにもう１本が10両化された。今度は８両編成と６両編成各１本を10両編成と４両編成各１本に組み替えるもので、これにより7729編成が登場し、10両固定編成は全部で９本となった。一大勢力として京王線系統全線で活躍している7000系であるが、2017（平成29）年より廃車が発生。コルゲート車を中心として徐々に数を減らしており、写真の7729編成も2020（令和２）年に廃車となった。
◎分倍河原〜中河原　2013（平成25）年２月28日　撮影：近藤倫史

8000系

20年ぶりのフルモデルチェンジ車として1992（平成4）年に登場した8000系は1999（平成11）年までに244両が製造された。京王では初のVVVFインバータ制御となった。優等列車用として登場し、高幡不動駅で京王八王子と高尾線方面とで分割併合をすることから6両編成と4両編成で製造された。当初スカートはグレーで塗られ、八王子方が6両編成となっていた。京王電鉄のフラッグシップ形式で、マスコットキャラクターの「けい太くん」はこの8000系がモチーフとなっている。◎幡ヶ谷～笹塚　1993（平成5）年6月10日　撮影：諸河久

8000系の車体はステンレスだが、前面部は普通鋼製でやや傾斜したデザインとなり曲面ガラスが使用されている。車体帯はこれまでのエンジ帯ではなく、京王レッド帯と京王ブルーの細帯を巻いた最初の形式となった。また1995（平成7）年からは8両編成が製造された20番代とされ、分割併合しないことから自動分併装置はついていないなど0番代との違いもある。また写真の8728編成は2008（平成20）年8月に高尾駅付近で発生した集中豪雨による土砂崩れでクハ8728が廃車となり、代わりに8814編成の先頭車をサハ8564で振り替えた上で8728編成に組み込んだ。そのため新宿方先頭車は20番代であるが、自動連解結装置の機器箱が設置されている。
◎多摩動物公園～高幡不動　2024（令和6）年8月15日　撮影：田川太一

1999（平成11）年に製造された20番代車2本は台車が1000系で採用された軸ばり式軸箱支持のボルスタレス台車となった。この台車は2000（平成12）年に製造された9000系でも採用された。8両編成の20番代車は相模原線特急などの運用にも入ったが、優等列車が軒並み10両編成となると普通列車中心で、僅かに急行の運用が残る程度となっている。
◎若葉台検車区　1999（平成11）年2月17日　撮影：諸河久

2013（平成25）年から大規模リニューアルが行われた。分割併合が廃止されたことから6両編成と4両編成を合わせて10両固定編成とする改造がなされ中間に入った先頭車の中間車改造が若葉台工場にて京王重機の施工で行われ、2019（平成31）年までに14本全てに施された。また2015（平成27）年には8713編成に2000系などのグリーン車をイメージしたラッピングがなされ、車体側面には高尾山の四季をイメージしたイラストが入っている。
◎八幡山～上北沢　2022（令和4）年11月22日

9000系

省エネルギー化、メンテナンスフリー化を図るべく、2000（平成12）年に登場した9000系は2009（平成21）年までに264両が製造された。ステンレス車体だが、前面部分は普通鋼製で、アイボリーに塗られている。また前面形状は5000系をイメージしたデザインとなった。当初8両編成が製造され、6000系や7000系の2両編成と併結して10両運行できるよう伝送変換器を介してアナログとデジタル信号を変換していた。◎高幡不動検車区　2001（平成13）年12月17日　撮影：諸河久

2018（平成30）年11月1日の多摩市市制記念日より京王電鉄・多摩市・サンリオピューロランドによる地域活性プロジェクトの一環として9731編成の車体にサンリオのキャラクターがラッピングされた。また京王バスが運行する多摩市内を発着する空港リムジンバスや多摩市ミニバスにも同様にサンリオのキャラクターが描かれた車両がある。◎中河原～聖蹟桜ヶ丘　2022（令和4）年11月22日

長らく都営新宿線直通用として活躍していた6000系30番代の置き換え用として2005（平成17）年に登場した9000系30番代。長らく誘導障害の関係でVVVFインバータ車が乗り入れできなかった都営新宿線のATCが2005年に更新されたことにより入線が可能となった。10両編成で、他車との併結がないことなら伝送変換器は省略された代わりに運行番号表示器や新宿線のD-ATC、新基準の防火対策がなされたため0番代車と細かいところが異なる。
◎下高井戸〜明大前
2015（平成27）年10月8日

9000系30番代は19編成目の9749編成で八王子方の先頭車の車番が9799となり、限界に達したため次のラストナンバー車となる20編成目は9730編成と最初の編成より若い番号となった。またこの編成の特徴は他にもあり、前面の京王ロゴマークの位置が他車とは異なる位置に貼られていた。これは2019（平成31）年の検査の際に所定の位置に戻されている。
◎幡ヶ谷〜笹塚　2009（平成21）年12月15日　撮影：近藤倫史

新5000系

京王初の座席指定列車である「京王ライナー」用としてロングとクロス状態に転換できるデュアルシートを装備した新5000系が2017（平成29）年から導入された。車体は総合車両製作所のsustina構造で、20mの4扉車。7000系以来久々の前頭部がFRPの車両となった。扉間にデュアルシートが配置され、車端部はロング状態で固定されている。新宿線直通対応車両のため全編成が30番代となっており、新宿線の運用に入ることも稀にある。
◎幡ヶ谷～笹塚　2019（令和元）年12月29日

2018（平成30）年2月22日より「京王ライナー」として運行を開始までに5本を導入。好評のため増発と増備が続けられ、2024（令和6）年初頭現在、10両編成8本が製造されている。7本目となる5737編成からはデュアルシートとしては初めてのリクライニング機構のついた座席を装備している。現在では土休日に「Mt.TAKAO号」などでも運行されている。
◎八幡山～上北沢
2022（令和4）年2月1日

京王線のグリーン車

井の頭線が空襲により半数以上の車両が焼失したため、東横線と湘南線用として製造した車両を井の頭線へ転属させてデハ1700形とデハ1710形が登場した。戦後の井の頭線復興時に活躍した同車だが、3000系の登場により余剰となり、輸送力増強のため改軌などの改造が施され1965（昭和40）年に京王線に転属した。4両編成を組み活躍したが、6000系が登場した1972（昭和47）年に引退した。◎国領　1965（昭和40）年7月25日　撮影：長谷川明

1957（昭和32）年に登場した2000系は京王初のカルダン駆動車で2両ユニット構造の17m3扉車。車体幅は2600mmの普通鋼製車で、湘南窓スタイルは2700系と同様だ。主電動機出力は100kWで、デハ2000形とデハ2050形それぞれ8両の合計16両が製造された。当初、前灯は1灯であったが、1961（昭和36）年頃に2灯化されている。1983（昭和58）年まで運転された。◎調布　1975（昭和50）年11月30日　撮影：長谷川明

2000系を改良する形で登場した2010系。1959（昭和34）年から1962（昭和37）年にかけてデハ2010形とデハ2060形それぞれ16両の合計32両が製造された。車体は2000系とほぼ同一で、大きな違いは主電動機出力が110kWになった点で、中間にT車化された京王電気軌道時代からの14m車を組み込んだ京王初の4両固定編成で運転された。
◎明大前　撮影年月不詳　撮影：長谷川明

3年に渡って製造された2010系は、製造タイミングにより車体にいくつか差異が生まれた。1次車は2000系とほぼ同一の車体であったが、2次車では前灯がシールドビーム2灯、アルミサッシとなった。また3次車では屋根上野ベンチレーターが押し込み式からグローブ形に変わっている。写真は2次車にあたる。
◎高幡不動　1977（昭和52）年11月23日　撮影：長谷川明

1500Ｖ昇圧時に昇圧できなかった京王電気軌道時代から走っていた14ｍ車などをＴ車化の上、サハ2500形とサハ2550形として2010系の中間車として連結した。また1962（昭和37）年から登場した車体更新名義で車両を新造したほぼ2010系の車体構造となったグループや1963（昭和38）年から登場した電装解除されたデハ2700形を改造したグループなどもあり、これらは17ｍ車であった。写真は車両更新名義で車両新造したグループのサハ2500形だ。
◎調布　1982（昭和57）年10月1日　撮影：長谷川明

600Ｖ時代に登場した2010系だったが、1500Ｖ化が目前に迫っていたため、両用とされ一晩で切り替えができるようになっていた。また地下鉄10号線との相互直通時の改軌を想定し、2010系のKH-14台車は標準軌へ改軌可能な構造となっていたのが特徴であった。京王線最後のグリーン車として1984（昭和59）年11月18日に引退した。
◎京王片倉～北野　1977（昭和52）年11月23日　撮影：長谷川明

開業時から続く14m車が幅を占めていた中、1950（昭和25）年8月に東京急行から独立後初となる新形式2600系が登場した。車体長は16.8mで、車体幅は2.6mの吊り掛け駆動で15両が製造された。機器類は1500Vへの昇圧を前提とした装備となっており、中間にサハ2650形を組み込んだ3両編成で運用された。晩年は支線で活躍し、1977（昭和52）年11月に高尾線でさよなら運転を行い引退した。◎京王片倉〜北野　1977（昭和52）年11月23日　撮影：長谷川明

5000系登場後、2700系をはじめ2010系などが5000系と共に特急運用に入るため同様の塗色に1963（昭和38）年から変更された。26両が塗り替えられたが、ヒゲは省略されていた。しかし、5000系のブレーキシステムが変更となった1966（昭和41）年頃からスタンリットグリーンへ塗り戻され始め、1971（昭和46）年までには完全にグリーン車へと戻された。◎明大前　1964（昭和39）年11月8日　撮影：西原博

2700系は京王線全線3両編成化に合わせて導入された17m車で、1953（昭和28）年から1962（昭和37）年にかけて43両が製造された。車体は軸重制限の関係で軽量化せねばならず高張力鋼を使用した軽量鋼製車で、前面形状は当時流行りの湘南窓であった。1500Vへの昇圧後まで活躍し、2010系や5000系などと併結して6両編成の特急などでも運転された。晩年は主に2010系と併結した6両編成で組成され一部車両は中間車改造などもされたが1981（昭和56）年まで活躍し引退した。◎初台～幡ヶ谷　1977（昭和52）年10月1日　撮影：長谷川明

事業用車

デニ201形は1953（昭和28）年にデニ2900形として新造された16m車。荷物輸送で使用され、1957（昭和32）年にデニ201に改番された。1972（昭和47）年の小荷物輸送廃止後は主に桜上水工場の入換車として活躍し、月に一度程度 ATS地上子の検測車としても使用された。◎若葉台　1978（昭和53）年10月8日　撮影：長谷川明

1982（昭和57）年にデハ2700形2711号車に両運転台化改造などを施して電動貨車としたデワ220形。種車をそのまま改造したため、湘南窓スタイルと貫通妻面そのままと前後で異なる前面形状となった。また車体色はグレーを地色に黄色ストライプの警戒帯が入っていた。入換などで使用された。◎若葉台　1982（昭和57）年3月　撮影：長谷川明

1954（昭和29）年に製造された電動無蓋貨車のデト210形。車体長15.7ｍで、車両両端に1.5ｍの運転台が設置されている。高幡不動検車区の入換やホキ280形やチキ290形を挟み込むようにして運転していたが、デワ5000形に置き換えられ引退した。◎高幡不動検車区　1993（平成５）年５月15日　撮影：諸河久

1985（昭和60）年12月にチキ270形の置き換え用として登場したチキ290形。大型クレーン車をもつ長物車で、カントのついた曲線上でもレールの荷下ろしができた。２両が製造され、車体長14.75ｍ。デト210形やデワ5000形などに挟まれて使用されたが、デワ600形が登場した際に車体色がグレーに塗り替えられた。◎高幡不動検車区　1993（平成５）年５月15日　撮影：諸河久

5000系を改造した事業用車デワ5000形の置き換えとして6000系デハ6107、6407、6457の3両を改造して事業用車のデワ600形が登場した。デワ601は中間電動車にクハ6707の前頭部を使って先頭車化改造を行なっている。車体色はグレー地に赤白ストライプの警戒帯が入ったもので、DAXであるクヤ900形やチキ290形を連結して運転されたり、牽引車としても使用されたが2016（平成28）年に引退し、京王線から6000系が完全に姿を消した。
◎中河原〜分倍河原　2009（平成21）年8月6日　撮影：近藤倫史

架線や軌道検測を行う京王線用の軌道架線総合高速検測車として2007（平成19）年にクヤ900形が導入された。これまでは夜間に線路閉鎖を行いモータカーを使って低速で検測を行なっていたが、これの登場によりデワ600形やデヤ900形に組み込まれて営業運転時間に営業速度で検測を行うことができるようになった。車体は9000系と同じステンレス製で、愛称は「Dynamic Analytical eXpress」からDAXと呼ばれており、車体側面にロゴも描かれている。検測用のパンタグラフが下枠交差形パンタグラフであったが、2023（令和5）年にシングルアームパンタグラフ化され、京王電鉄は全てのパンタグラフがシングルアームとなった。
◎下高井戸〜明大前
撮影年月不詳

事業用車のデワ600形の置き換え用として2016（平成28）年に製造されたデヤ900形。これまでの事業用車は古い車両を改造していたが、この車両では9000系をベースに新造されている。前頭部はアイボリーやグレーではなく、識別や視認性から黄色となっている他、側面帯はクヤ900形とマッチするよう太いものとなった。また雪対策としてスノープローが先頭台車に取り付けられている。◎高幡不動〜百草園　2022（令和4）年12月7日

京王線には1372mm軌間に対応したマルチプルタイタンパーが配備されている。現在の車両は2020（令和2）年に導入されたオーストリアPlasser & Theurer製08−1XS型で、道床砕石整理車のUCM-SM型とセットで作業が行われる。また京王の絵本でキャラクター化されたり、沿線住民向けの夜間作業のお知らせチラシなどでもマルタイだけは特に詳しく車両の紹介もあるほどだ。また同じ1372mm軌間の都営新宿線でもこの車両による作業が京王建設により行われている。◎多摩動物公園〜高幡不動　2023（令和5）年10月13日　撮影：田川太一

井の頭線のグリーン車

1957（昭和32）年に登場した全鋼製のカルダン駆動車の1000系は井の頭線初の高性能車であった。車体などは同時期に製造された京王線の2000系とほぼ同じで、1900系に引き続き湘南窓スタイルであった。12両が製造され、当初は3両、のちに4両編成でオールM車として運用されていたが、5両化の際には1800系からサハ1300形を組み込んではじめて付随車が連結された。1984（昭和59）年まで運行され、引退により井の頭線からグリーン車が姿を消した。
◎明大前　1982（昭和57）年8月30日　撮影：長谷川明

1952（昭和27）年に8両が製造された1800形。同車の付随車仕様である5両が製造されたサハ1300形と組んで運用されていた。18m車で、同時期に製造された京王線の2600形とよく似た前面3枚窓車であった。1967（昭和42）年に3両が改軌の上、京王線に転属したが、それ以外の車両は井の頭線で走り続けた。
◎駒場東大前～池ノ上　1973（昭和48）年8月13日

1953（昭和28）年から井の頭線全線3両編成化に合わせて導入された1900系は1954（昭和29）年までに13両が製造された。車体長は1800形と同じ18m車で、京王線の2700系と同世代の車両。最初に製造された5両は軽量車体で登場したが翌年に製造された8両は一般的な車体に戻された。井の頭線の湘南窓スタイルは外観はこの形式からはじまった。グリーン車がいなくなる1984（昭和59）年まで活躍した。◎明大前　1982（昭和57）年8月30日　撮影：長谷川明

3000系

1962（昭和37）年から1991（平成3）年にかけて145両製造された3000系は、京王初のオールステンレス車。前面は1900系や1000系に引き続き湘南窓スタイルで、その上部のみFRP製であったため、ステンプラカーなどと呼ばれた。前面FRP部分はイメージ向上のため、編成ごとに京王百貨店の内装由来となる7色へ塗り分けられたレインボーカラーとなった。
◎富士見ヶ丘検車区
1990（平成2）年12月9日
撮影：諸河久

アメリカのバット社のライセンスを用いて東急車輛製造にて製造された3000系。17.5mの3扉車で、1962（昭和37）年の最初に登場した2本は同時期に製造された南海電気鉄道6000系と同様の片開き扉車であった。抵抗制御車で、台車はディスクブレーキが外側に付いたパイオニアPⅢ－703形を履いた。
◎富士見ヶ丘検車区　1993（平成5）年5月26日　撮影：諸河久

最初の2編成は車体幅2744mmのストレート車体で幅狭車と呼ばれた。また扉が1200mmの片開き扉であることがよくわかる。当初は4両編成で登場したが、1973（昭和48）年に増備されたデハ3100形を増備し、5両化された。この際に製造された車両は右ページ下の写真のような幅広車仕様で製造されたため、車体断面や扉が両開きであるなど違いが見られた。◎明大前　1982（昭和57）年8月30日　撮影：長谷川明

1963（昭和38）年に製造された3本目の3703編成以降は車体幅が100mm拡がった2844mmへと拡幅され、車体の裾が絞られた形状となった。また車体長も少し伸びて18m車となった。3715編成までの15本は4両編成で登場しており、1971（昭和46）年より一部で始まった5両化に合わせて1973（昭和48）年までに中間に界磁チョッパ制御車であるデハ3100形を増備し組み込んだ。そのため一つの編成に抵抗制御と界磁チョッパ制御が混じることとなった。また3713編成までは非冷房車として落成した。◎明大前　1965（昭和40）年7月25日　撮影：長谷川明

3000系では、3703編成以降、裾絞りのある車体となり側面扉も1300mmの両開き扉となった。左ページの3701、3702編成の車体と比べると違いがよくわかる。また台車は3709編成まではパイオニア台車であったが、以降はTS-801台車となり、これまでの車両も履き替えている。◎明大前　1982（昭和57）年8月30日　撮影：長谷川明

前面窓下には井の頭線で古くから使われてきた起終点が併記された縦書きの行き先表示が掲出され、急行運転が開始されるとしばらくは種別板をつけて運転されていたが、1988（昭和63）年頃からは下の写真のように電動幕となり行き先の表示となり、急行種別表示も幕の中に収められた。◎神泉～駒場東大前　1976（昭和51）年8月10日

1969（昭和44）年に試作冷房車の3714・3715編成が製造され、その後1971（昭和46）～1973年にかけて既存の13編成も冷房化された。1975（昭和50）年から製造された3716編成以降の編成は新製時から冷房が設置された量産冷房車となった他、制御装置が6000系と同じ界磁チョッパ制御となっている。また1984（昭和59）年の1000系や1900系の引退により井の頭線はいち早く冷房化率100％を達成した。◎吉祥寺　1993（平成5）年5月25日　撮影：諸河久

1990（平成 2 ）年の京王の新しいコーポレートマーク制定に合わせて、車体側面窓下に前面FRP部と同じ色の車体帯が巻かれた。これはコルゲート幅に合わせたもので、軽量車では帯の太さが違っていたという。また30年近くに渡って製造された3000系が、ようやく出揃った直後の1994（平成 6 ）年頃からスカートが設置された。これら 2 つの変化によって印象が大きく変わった。◎池ノ上〜駒場東大前　1995（平成 7 ）年 4 月 8 日　撮影：諸河久

登場から40年ほど経った1995（平成 7 ）年から前面ガラスのパノラミックウインド化や前頭FRP部の普通鋼製への変更、車体側面帯の拡幅、内装を1000系同仕様に更新など車体を中心としたリニューアル工事が3716編成以降の編成に施工された。このため実質的にステンプラカーでは無くなってしまった。また一部編成では後にシングルアームパンタグラフが搭載された。2011（平成23）年12月に約49年間井の頭線で活躍した3000系は引退した。
◎富士見ヶ丘〜高井戸　撮影年月不詳

1000系

18m 3扉車の3000系が長らく活躍してきた井の頭線に車両大型化工事が実施された。これにより井の頭線初の20m 4扉車として1000系が導入された。3000系以来34年ぶりのフルモデルチェンジ車となった。また3000系と同じく各編成に7種類のレインボーカラーが前面上部や側面尾車体帯として塗られている。写真は1751編成から1757編成までの7色のレインボカラーが全て揃ったときのものだ。
◎富士見ヶ丘検車区
1998（平成10）年1月21日
撮影：諸河久

京王線の8000系と同じく
車体はオースステンレス
製で、軽量化を目的に戸袋
窓がなくなった。前面は
普通鋼製で、前面デザイン
は3000系の更新車をイメー
ジし、レインボーカラー
を継承。5両編成で、
VVVFインバータ制御と
なった。基本番代車は15
本製造され、1760編成まで
は登場時は菱形パンタグ
ラフを搭載していた。
◎富士見ヶ丘検車区
1995（平成7）年11月21日
撮影：諸河久

2M3Tであった1760編成までの10本を3M2Tとする改造が2016（平成28）年から施工され、同時に更新工事もなされた。
2020（令和2）年まで行われ、1761～1765編成も更新工事を受けた。2018（平成30）年頃からはシルバーで塗られていた
非常貫通扉のピラーが黒に塗られ、より3000系に近い湘南窓のような印象となっている。また1000系は「なかよし！い
のかしら7きょうだい」として絵本にもなっており、一時期はドアステッカーとしても貼られていた。
◎2022（令和4）年11月25日

2008（平成20）年からはマイナーチェンジが施され、9000系30番代に近い仕様となった。主な特徴としては車体のビートプレスが無くなり、前面の行先表示器と運行番号表示器が一体型となったなどだ。これらは20番代となり、16～20は欠番となっている。また写真のオレンジベージュは0番代車ではベージュであったが、明度不足とのことから20番代よりオレンジベージュへと変更となり、0番代車もそれに合わせて変更されている。（ベージュはp146-147の手前から2両目の車両の色）。◎浜田山～西永福　2024（令和6）年1月8日

1000系は29本が製造され、ラストナンバー車の1779編成はブルーグリーンで登場した。このブルーグリーンだけ5編成あり、他は各4編成であることなどから2012（平成24）年10月より井の頭線をイメージしたレインボーカラー帯とドア間に沿線の名所などのステッカーを貼り付けたレインボーラッピング編成が登場した。当初は1年間を予定していたが、人気のためラッピングは継続して続けられ、2022（令和4）年には10周年を記念するヘッドマークが取り付けられた。◎駒場東大前～神泉　2022（令和4）年11月25日

井の頭線の遠い昔の思い出

かつて井の頭線では荷物輸送をおこなっており、その専用車としてデニ101が運転されていた。元々は東芝府中の通勤車で、井の頭線へ転属してきたが2扉が仇となり、電動荷物車となった。1971（昭和46）年まで活躍した。
◎渋谷　1964（昭和39）年10月25日　撮影：西原博

永福町検車区が夜間の空襲に遭い、半数以上の井の頭線の車両が焼失したため、同じ東急の東横線と湘南線用として製造した車両を井の頭線へ転属させてデハ1700形と1710形が登場した。3000系登場後に台車が長軸用であったことから車輪のみ交換する改軌が施され、京王線に転属して活躍した。京王帝都の全線を渡り歩いた数少ない車両である。◎代田二丁目〜下北沢　1964（昭和39）年10月25日　撮影：西原博

3章
譲渡車両編

京王線の5000系や井の頭線の3000系までは18m車であったことから、引退後は全国各地の中小私鉄へ譲渡されていき、今も現役の車両も多い。井の頭線では永福町駅で車体をトレーラーに載せ替えて搬出された。その多くが北野の京王重機整備にて改造されて各地へ転戦していった。写真は残念ながら譲渡されなかった3715編成。
◎永福町　2004（平成）16年頃

庄内交通

京王の車両が大規模に譲渡されたのは1984（昭和59）年頃からであったが、それ以前も細々とながら譲渡車両があった。その一つが庄内交通湯野浜線だ。鶴岡と湯野浜温泉を結ぶ同線は1954（昭和29）年に戦災復旧車のデハ2110形2119号車が、京王線1500Ｖ昇圧後の1964（昭和39）年にデハ2400形2405号車を譲り受けた。いずれも1975（昭和50）年の路線廃止まで運行された。◎庄内交通湯野浜線　七窪〜湯野浜温泉　1968（昭和43）年8月15日　撮影：諸河久

上毛電気鉄道

上毛電気鉄道には1998（平成10）年から2000年にかけて3000系が16両譲渡され、2両編成8本に改造し、700形となった。そのうち6本は3706〜3710編成の先頭車を改造、残りの3本は中間電動車の先頭車化改造がなされた。当初は全編成前面FPR部がフィヨルドグリーンであったが、2005（平成17）年頃から塗り替えられ現在では8編成全て違う色となっている。◎上毛電気鉄道上毛線　江木〜大胡　1999（平成11）年12月11日　撮影：諸河久

銚子電気鉄道

伊予鉄道700系に譲渡されていた元5100系が2016（平成28）年に銚子電気鉄道へ再譲渡され、3000形として運行を開始した。銚子の海をイメージした澪つくし色で運転されている。
◎銚子電気鉄道銚子電気鉄道線　2022（令和4）年11月27日

伊予鉄道に譲渡され、同社800系として約20年近く運行されていた元2010系。2010（平成22）年に銚子電気鉄道へ2両編成2本が伊予鉄道から再度譲渡され、2000形として再登場した。当初2001編成が京王のグリーン車の色であるスタンリットグリーンを纏っていた。◎銚子電気鉄道銚子電気鉄道線　2014（平成26）年7月12日　撮影：諸河久

わたらせ渓谷鐵道

1998（平成10）年から運行が開始されたトロッコわたらせ渓谷号用の車両として、わたらせ渓谷鐵道ではトロッコ車両の導入を進めていた。その際、高崎支社にあったような無蓋貨車改造車も検討したが実現はできず、18m車である5000系中間車（デハ5020と5070）に白羽の矢が立った。これにより電車改造のトロッコ客車が登場。わ99形5020号車と5070号車となった。JRから譲渡された元スハフ12形に挟まれる形でDE10形に牽引され運行中だ。
◎わたらせ渓谷鐵道わたらせ渓谷線　上神梅～大間々　2021（令和3）年4月2日

1996（平成8）年から1997年にかけて1M方式の中間電動車のデハ3100形3両（デハ3101～3103）を京王重機整備にて両運転台化改造し、岳南鉄道へ譲渡した。同社のデハ7000形として活躍。2016（平成28）年からは7001号車の前頭部が3000系をイメージしたブルーグリーンに変更された。また2002（平成14）年には中間車を先頭車化改造した2両編成の8000形も導入されている他、2018（平成30）年には元5000系の富士急行1200形を京王重機整備で整備の上、譲り受け9000形として運行している。◎岳南鉄道岳南鉄道線　ジヤトコ前～吉原　2007（平成19）年1月14日　撮影：諸河久

岳南鉄道

アルピコ交通

1999（平成11）年から2000年にかけて3000系の中間電動車デハ3050形とデハ3100形の合わせて8両が、京王重機整備で先頭車化改造を受け、松本電気鉄道へ譲渡された。同社3000系として2両編成4本が導入された。前面部は3000系更新車と同様のパノラミックウィンドウとなっているのが特徴だ。2017（平成29）年より3004編成が同社モハ10形を模したツートンカラーへ塗り替えられた。◎アルピコ交通上高地線　2019（令和元）年11月5日　撮影：諸河久

富士急行

1994（平成6）年から1996年にかけて5000系18両が富士急行に譲渡され、1000形2両編成2本、1200形2両編成7本となった。5100系を中心に譲渡されたが、オールM車とするための電動車化や台車を営団3000系の発生品に履き替えなどの改造を京王重機整備で施した。車体は青地に白で富士山をイメージしたカラーリングであったが、塗装変更などで、この色は見られなくなった。一時期は同社の主力車両となったが、205系改造の6000系登場により廃車が始まり、現在は5000系リバイバルカラーと富士登山電車の2編成だけとなった。
◎富士急行大月線　田野倉～禾生　1994（平成6）年12月8日　撮影：諸河久

一畑電気鉄道

1994（平成6）年から1995年にかけて5000系8両が一畑電気鉄道に譲渡され、2100系が登場した。主に5100系が譲渡され、オールM車改造や台車を営団3000系に履き替えるなどの改造を京王重機整備で施し、2両編成4本となり運行されている。当初は写真のような黄色をベースとした塗色であったが、2012（平成24）年頃に塗り替えられ、この色は今はいない。
◎一畑電気鉄道北松江線　園〜布崎　1994（平成6）年12月16日　撮影：諸河久

1998（平成10）年に5000系4両が一畑電気鉄道へ譲渡された。先に譲渡された2100系とは異なり、こちらは急行形として京王重機整備で改造された。前面の貫通扉はなくなり、2扉となった他、座席が小田急3100形のものを使用したクロスシートになるなどイメージが大きく変わった。急行や特急運用に就いていたが、現在は他の車両と共通運用となっている。◎一畑電気鉄道北松江線　井野灘〜一畑口　2000（平成12）年9月8日　撮影：諸河久

北陸鉄道

2007（平成19）年に3000系3711編成が北陸鉄道へ譲渡された。既に浅野川線では元3000系が5編成走っていたが、こちらは7700系として石川線へ導入された。石川線は架線電圧が600Vのため機器類は大幅に変更されており、西武鉄道とJR東日本車の車両部品が使われた。また主電動機はMT54形で、これは当時北陸本線を走っていたほとんどの電車が搭載していたモータで互換性が効くためであった。しかし、松任工場は閉鎖され、北陸本線を走る車両はみな交流モータとなってしまっている。◎北陸鉄道石川線　2020（令和2）年5月22日

1996（平成8）年の北陸鉄道浅野川線1500V昇圧の際に、京王から3000系3701～3704編成までの先頭車8両を京王重機整備で電動車化や大きなスノープロウの取り付けなどの改造の上、譲渡。2両編成となり元3701、3702編成の片扉車は8800系。両開き車の元3703、3704編成は8900系となった。1998（平成10）年には元3705編成も8900系として譲渡され、1～5までの5編成が浅野川線で揃って走った。◎北陸鉄道浅野川線　内灘　2019（令和元）年7月18日

高松琴平電気鉄道

1997（平成９）年に5000系８両が高松琴平電気鉄道へ譲渡され、登場した1100系。台車を京急1080形のものに替え、先頭車は電動車化、中間車は先頭車化などの改造が京王重機整備で施され、２両編成４本が導入された。また譲渡車両の中にはさよなら運転を行なった5022編成４両全てと5023編成の中間車２両が含まれていた。2004（平成16）年頃に路線ごとのラインカラーが制定され、黄色とアイボリーのツートンカラーとなった。
◎高松琴平電気鉄道　2020（令和２）年８月16日

1987（昭和62）年から1994（平成６）年にかけて5000系28両が伊予鉄道へ譲渡された。主に5100系の２両編成が譲渡され、２両編成10本と増結用の制御電動車８両を組み合わせて、２〜４両編成を組む。ほとんどが非冷房車であったことから冷房化や台車を小田急や東武の廃車発生品に履き替えるなどの改造が京王重機整備で実施された。一部は廃車となったが、現在も現役で活躍している。◎伊予鉄道高浜線　古町〜大手町　1993（平成５）年５月８日　撮影：諸河久

伊予鉄道

1984（昭和59）年から1985年にかけて2010系18両が伊予鉄道へ譲渡。800系として３両編成６本が運行された。伊予鉄道は750Ｖ電化だが、600Ｖ時代の車両のため回路の変更で対応した。また電動台車は井の頭線1000系のものを使用している。1993（平成５）年頃に２両編成でも運行できるようサハ760形（元サハ2500形）を京王重機整備が先頭車化改造えをしている。3000系の導入により2009（平成21）年から2010年にかけて廃車となったが、２両編成４両が銚子電気鉄道へ再度譲渡された。◎伊予鉄道高浜線　古町　1986（昭和61）年11月25日　撮影：諸河久

元5000系の700系と元2010系の800系の置き換え用として2009（平成21）年から2012年にかけて3000系30両が伊予鉄道3000系となった。リニューアル車の3720～3729編成を３両編成に短縮し、制御装置のVVVFインバータ化などの改造を京王重機整備で施して譲渡された。当初、前面はアイボリーであったが2017（平成29）年より車両まるごとオレンジ１色とする新塗装に順次塗り替えられた。◎伊予鉄道高浜線　大手町～古町　2017（平成29）年５月28日

【解説者プロフィール】

山内ひろき（やまのうちひろき）

東京都生まれ。近所に貨物駅などがあり鉄道に多く触れ合う環境で育ってしまい根っから
の鉄道好きとなった。現在は会社員の傍ら、鉄道関係書籍などの原稿を執筆している。

【写真提供】

諸河久フォト・オフィス、近藤倫史、佐藤次生、西原博、長谷川明、PIXTA

【参考文献】

「京王電気軌道株式会社三十年史」（京王電気軌道）、「10年のあゆみ」（京
王帝都電鉄）、「京王帝都電鉄三十年史」（京王帝都電鉄）、「京王電鉄
五十年史(京王電鉄）」、「小田急二十五年史(小田急電鉄）」「交通新聞」(交
通新聞社)、「鉄道と電気」（日本鉄道電気技術協会)、「日本鉄道施設協
会誌」(日本鉄道施設協会)、「交通技術」（交通協力会)、「電気鉄道」(鉄
道現業社)、「信号保安」（信号保安協会)、「運輸と経済」（交通経済研究
所)、「トンネルと地下」（土木工学社)、「Subway」（日本地下鉄協会報)、
「JREA」（日本鉄道技術協会)、「運転協会誌」（日本鉄道運転協会)、「土
木技術」（土木技術社)、「土木施工」（山海堂)、「建設の機械化」（日本
建設機械協会)、「総合交通」（総合交通社)、「新都市開発」（都市計画協
会)、「鉄道と電気技術」（日本鉄道電気技術協会)、「交通と電気」（電通
社)、「工業要録」（工業資料調査会)、「橋梁年鑑」（日本橋梁建設協会)、
「土木建築工事画報」（工事画報社)、「アルス鉄筋コンクリート工学講
座 第３巻」（アルス)、「日立評論」（日立製作所)、「鉄道ピクトリアル」
（電気車研究会)、「鉄道ファン」（交友社)、「京王電鉄まるごと探見」（JTB
パブリッシング)、「京王ニュース」（京王電鉄)、「建設局ニュース」（東
京都建設局)、「けやき並木の整備指針」（府中市)、「日野市河川整備構
想」（日野市)、「多摩市史」（多摩市)

1984（昭和59）年に日本へ初めてやってきたコアラ。
多摩動物公園の２頭は多摩の夢から「タムタム」、
東京都の夢から「トムトム」と名付けられた。コ
アラ号の車体には青い服と赤い服を着た２頭が描
かれていた。
◎高幡不動　1985（昭和60）年２月２日
撮影：長谷川明

京王電鉄
（けいおうでんてつ）
1980～2000年代の記録
（ねんだい）（きろく）

発行日……………………2024年３月７日　第1刷　　※定価はカバーに表示してあります。

解説……………………山内ひろき

発行人……………………高山和彦

発行所……………………株式会社フォト・パブリッシング

〒161-0032　東京都新宿区中落合2-12-26

TEL.03-6914-0121 FAX.03-5955-8101

発売元……………………株式会社メディアパル（共同出版者・流通責任者）

〒162-8710　東京都新宿区東五軒町6-24

TEL.03-5261-1171 FAX.03-3235-4645

デザイン・DTP………柏倉栄治

印刷所……………………長野印刷商工株式会社

ISBN978-4-8021-3432-3 C0026

本書の内容についてのお問い合わせは、上記の発行元（フォト・パブリッシング）編集部宛ての
Ｅメール（henshuubu@photo-pub.co.jp）または郵送・ファックスによる書面にてお願いいたします。